도서출판 대장간은
쇠를 달구어 연장을 만들듯이
생각을 다듬어 기독교 가치관을
바르게 세우는 곳입니다.

대장간이란 이름에는
사라져가는 복음의 능력을 되살리고,
낡은 것을 새롭게 풀무질하며, 잘못된 것을
바로 세우겠다는 의지가 담겨져 있습니다.

www.daejanggan.org

Copyright © Jacques Ellul

Original published in France under the title ;
Les successeurs de Marx. Cours professé à l'Institut d'études politiques de Bordeaux
Published by © Éditions de la Table Ronde. 2003

Uesd and translated by the permissions of la Table Ronde.
Korea Edition Copyright © 2015, Daejanggan Publisher. in Daejeon, South Korea

자끄엘륄총서 25
마르크스의 후계자

지은이	자끄 엘륄
역자	안성헌
초판발행	2015년 1월 14일
펴낸이	배용하
책임편집	윤석일
등록	제364-2008-000013호
펴낸곳	도서출판 대장간
	www.daejanggan.org
등록한곳	대전광역시 동구 우암로 75-21 (삼성동)
편집부	전화 (042) 673-7424
영업부	전화 (042) 673-7424 전송 (042) 623-1424
분류	사상 | 마르크스주의
ISBN	978-89-7071-341-0 03300

이 책은 저작권법에 의해 보호를 받는 출판물입니다.
기록된 형태의 허락 없이는 무단 전재와 복제를 금합니다.

값 12,000원

보르도 정치 연구소 강좌
마르크스의 후계자
마르크스주의의 발전과 모순

자끄 엘륄 지음

미셸 우르카드, 장-피에르 제제켈, 제라르 폴 편집
안성헌 옮김

차례

- 서 문 ··· 7
- 서문과 감사의 글 ·· 13
- **서 론** ··· 17
  - 1. 대립요인 1 : 마르크스 사상 내부 ······················ 18
    - 1.1. 미완의 작업 ··· 18
    - 1.2. 모순 내포 작업 ··· 19
    - 1.3. 마르크스의 몇 가지 미해결 문제 ················ 20
    - 1.4 마르크스주의 저자 사이의 모순 ·················· 22
  - 2. 대립요인 2 : 마르크스 사상 외부 ······················ 23
    - 2.1. 가장 명확한 것 : 경제 조건들의 변화 ·········· 23
    - 2.2. 사회 변화의 연속 도래, 사회 또는 사회-정치 유형의 변화 ········ 24
    - 2.3. 소련 : 마르크스주의 현실화 ······················ 27
    - 2.4. 해석 다양성 문제 : 인간 계급 및 문화적 배경 포함 ········ 28
  - 3. 다양한 사조 ··· 29
    - 3.1. 마르크스주의 특징 : 프랑스, 독일, 러시아 ···· 29
    - 3.2. 사회주의와 공산주의 대립 ························ 30
    - 3.3. 실천가와 이론가 사이의 대립 ···················· 33
    - 3.4. 제3세계로의 마르크스주의 확산과 근본적 대립 ········ 34
  - 4. 한계 ··· 34
    - 4.1. 확실한 경계선 설정 ·································· 35
    - 4.2. 본질적 제안 ·· 36
    - 4.3. 핵심 기준 정의 ·· 36
    - 4.4. 마르크스주의에 소속되고 동화되는 일련의 경험 ········ 37

1장. 프랑스의 두 사례 : 조레스와 소렐 ························· 39
1. 조레스의 마르크스 사상 ····································· 39
1.1. 총론 ·· 39
1.2. 마르크스주의와 관념론 ···································· 41
1.3. 마르크스주의와 관념론 ···································· 46
1.4. 경제 분석 ··· 46
1.5. 자본주의에서 사회주의로의 발전, 정치와 계급투쟁 ······ 49
2. 조르주 소렐 ·· 53
2.1. 역사문제 ·· 54
2.2. 경제적 지배 ··· 56
2.3. 계급투쟁과 폭력 ·· 58

2장. 모순들 때문에 발전한 마르크스주의 ····················· 67
1. 마르크스에 반대하는 베른슈타인 ··························· 67
1.1. 철학적 입장 ··· 69
1.2. 베른슈타인의 경제사상 ···································· 73
1.3. 혁명과 전략 ··· 77
2. 베른슈타인에 반대하는 카우츠키 ··························· 83
2.1. 철학적 계획 관련 비판 ····································· 84
2.2. 경제적, 전술적 계획 관련 비판 ···························· 86
3. 레닌과 카우츠키 논쟁 ·· 92
3.1. 이론에서 행동으로의 이행 ································· 93
3.2. 학설 논쟁 ·· 96
3.3. 방법론 문제 ··· 98
3.4. 레닌의 응답 ··· 104
4. 레닌 사상 ·· 106
4.1. 개론 ··· 106
4.2. 학설 내용 ·· 108
4.3. 전략 ··· 113
4.4. 전술 ··· 115
4.5. 혁명 실용주의 ·· 116
4.6. 공산당, 전술적 도구 ·· 119

        5. 베른슈타인과 레닌에 반대하는 로자 룩셈부르크 ·············· 121
            5.1. 로자 룩셈부르크의 베른슈타인 비판 ················· 122
            5.2. 레닌에 반대하는 로자 룩셈부르크 ·················· 125

3장. 러시아 마르크스주의 ································ 133
    1. 플레하노프의 생애와 저작 ·························· 133
        1.1. 인민주의 시기 ··························· 133
        1.2. "혁명적 마르크스주의" 시기 ···················· 134
        1.3. "독립적" 마르크스주의 ······················· 136
        1.4. 전쟁 문제 : 플레하노프와 레닌의 대립 ·············· 138
    2. 역사 개념 ································ 139
        2.1. 총론 ······························ 139
        2.2. 마르크스 사상 내부의 역사 도식 – 플레하노프의 견해 ······· 141
        2.3. 하부구조와 상부구조의 상호작용 문제 ··············· 143
        2.4. 플레하노프의 구별 : 마르크스주의와 "경제 유물론" ········ 146
        2.5. 플레하노프의 설명 ························ 147
    3. 예술 문제 ································ 148

4장. 체코슬로바키아 마르크스주의 ··························· 151
    1. 1968년의 기원들 ····························· 153
    2. 2,000가지 말 선언 ···························· 155

    1. 리히타와 이론적 문제 ···························· 159
        1.2. 생산력 변형 ·························· 162
        1.3. 결과들 ····························· 166
        1.4. 시간과 노동의 전복 ······················· 172
        1.5. 자율적 요인으로서 인간의 발전 ·················· 176
        1.6. 리히타의 인간주의와 비판들 ··················· 184
    2. 오타 시크 ································ 188
        2.1. 이윤 문제 ···························· 190
        2.3. 시장 ······························ 195
        2.4. 계획과 시장 ··························· 198
        2.5. 경제 민주화 ··························· 202

서문

보르도 정치연구소 교수로 활동한 기간인 1947년에서 1979년까지, 자끄 엘륄은 자신의 학생들에게 "마르크스 사상"에 관한 강좌를 개설했다. 그 강좌는 이미 지난 2003년 같은 출판사[1])에서 강좌와 똑같은 제목으로 출판되었다. 전적으로 마르크스에 집중한 이 강좌는 당시 여러 명칭을 갖고 있었던 또 다른 강좌와 교대로 진행되었다. 그 강좌의 이름은 "마르크스주의의 발전과 모순"Développements et contradictions du marxisme이며, 1970년대 들어와 "마르크스의 후계자"Les successeurs de Marx라고 명명되었다.

우리가 이 책을 통해 독자들에게 소개하고자 하는 것은 바로 엘륄의 두 번째 "마르크스주의" 강의이다. 이 강좌를 통해 엘륄은 마르크스 유산의 여러 단층이 '모순들'에 따라 발전했다는 것을 보여준다. 또한, 그것은 독일 철학자[마르크스]의 저작에 이미 나타났고 엘륄의『마르크스 사상』대장간역간에서 간략하게 거론된 '진화'에 따라 발전했다. 이에 대해 더 자세하게 말해보자. 여기서 말하는 '모순'이란 철저한 유물론, 주체-인간에 선재先在하는 것으로 전제된 소외에 대한 비난, 역사 운명에 대한 물음, 상부구조들에 대한 하부구조의 성격 규정에 대한 물음, 민주주의

---
1) [역주] 프랑스의 La Table Ronde 출판사. 엘륄의 보르도 정치연구소 재직 시절 강좌인『마르크스 사상』*La pensée marxiste* (2003)과 본서『마르크스의 후계자』*Les successeurs de Marx* (2007)는 모두 이 출판사를 통해 출간되었다.

에 대한 물음, 국가에 대한 물음, 사회계급에 대한 물음 등 사이에 존재하는 모순이다. 강좌 서문에서 엘륄은 마르크스에 있는 이러한 모순들의 주요한 이유들 가운데 하나가 마르크스 사상의 비판적이고 성찰에 기초한 특성과 그 사상을 사회 기능 모델로 이끌어가는 체계적 성격 간의 대립에 있다고 진단한다.

탁월한 교수법으로 엘륄은 다양한 사상가들과 학파들이 이러한 이율배반을 극복하기 위해 어떠한 해법을 제안하고, 각자의 방식대로 어떻게 그것[이율배반]을 해석하고 있는가를 우리에게 제시한다. 더욱이 '시간 경과에 따른 경제위기 악화'나 특히 '프롤레타리아 빈곤화' 같은 마르크스의 일부 예언을 의심하기도 한다. 이러한 재검토는 개혁주의나 수정주의적 해석의 길을 개방한다. 또한, 과연 누가 정통 마르크스주의자라고 주장할 수 있는지 알아야 할 것이다. 마르크스 자신은 "나는 단지 어떤 것 하나를 알았을뿐이며, 어떤 경우에도 나는 마르크스주의자가 아니다"라고 단언하지 않지 않았던가?

1970년대까지 이 강좌는 엥겔스의 죽음에서 1920년대로 이어지는 시기를 총망라하는 식으로 진행되었다. 이에 전반부 3장은 프랑스 마르크스주의, 독일 마르크스주의, 러시아 마르크스주의에 관한 내용이 서로 유기적으로 얽혀 있다. 1970년대 엘륄은 자신의 연구 범위를 확대했다. 1970년대 초반, 그는 학생들이 선택할 수 있는 다양한 주제를 제안했다. 바로 이러한 배경에서 이 책 4장에 해당하는 체코슬로바키아 마르크스주의에 관한 강좌가 이루어졌다. 그러나 또한, 학생들에게 제공된 강좌에는 중국 마르크스주의나 루카치[2], 코르쉬[3], 아도르노[4] 같은 2세대 독일 마르크스주의에 대한 강좌도 있었다. 중국 마르크스주의와 2세대 독일 마르크스주의와 같은 주제는 학생들이 한 차례만 채택했던 주제는 아니었던 것 같다. 따라서 엘륄의 미간행물에 관해 연구하는 현 상황에서, 우리는 이질적인 두 강좌를 다루지 않을 것이다.

자끄 엘륄의 개성과 작품에 대하여, 마르크스주의에 온전히 집중한 이 두 번째 책이 우리에게 가르쳐주는 것은 무엇인가? 무엇보다 엘륄은 마르크스주의에 매우 사려 깊은 모습을 보였고, 그러한 모습은 마르크스 유산을 물려받은 1세대를 넘어서는 것이다. 특별히 프라하의 봄에서 비롯된 체코 마르크스주의에 전적으로 집중한 강좌가 엘륄의 그러한 모습을 설득력 있게 대변한다. 서구 사상가들이 종종 민족주의 운동 혹은 반

---

[2] [역주] 지외르지 루카치 György Lukács (1885-1971). 헝가리의 마르크스주의 사상가이다. 베를린, 하이델베르크 등 독일어권 대학에서 수학했으며, 1918년 헝가리 공산당에 가입했다. 이듬해 헝가리 혁명에 가담하지만, 혁명이 실패로 끝나자 오스트리아로 망명했다. 제2차 세계대전 중에는 주로 모스크바에 체류하면서 연구 활동을 지속하다 1945년 헝가리 독립과 더불어 귀환했다. 주요 저서로 오스트리아 망명 중에 집필한『역사와 계급의식』 Geschichte und Klassenbewußtsein (1923)이 있다.

[3] [역주] 카를 코르쉬 Karl Korsch (1886-1961). 독일의 마르크스주의 사상가 및 정치가. 법학, 경제학, 철학을 공부했다. 제1차 대전 후 급격하게 좌익 활동에 가담하여, 독립사회민주당(USPD)을 거쳐 독일공산당(KPD)에 가입했다. 제1차 인터내셔널에서 '수정주의자' 라는 비판을 받고 1926년 당에서 축출되었다. 이후 미국으로 망명했으며, 차츰 마르크스주의의 지배적 형식과 거리를 두었다. 주요 저서로『마르크스주의와 철학』Marxismus und Philosophie (1923)이 있다.

[4] [역주] 테오도어 아도르노 Theodor Ludwig Wiesengrund Adorno (1903-1969). 독일의 철학자, 사회학자이며 음악가이다. 호르크하이머, 마르쿠제 등과 더불어 프랑크푸르트학파 1세대를 대표하는 학자이다. 루카치, 발터 벤야민에게 영향을 받지만, 때로는 이들을 비판하기도 한다. 대표적인 저서로 호르크하이머와 미국 체류기에 저술한『계몽의 변증법』Dialektik der Aufklärung을 비롯하여,『부정 변증법』Negative Dialektik,『미니마 모랄리아』Minima Moralia 등이 있다.

反공산주의 운동으로 환원시켜 해석한 1968년 체코 '프라하의 봄'은 엘륄의 마르크스주의적 관점에서 제자리를 찾게 된다. 우리가 현재까지 라도반 리히타와 오타 시크의 주장이나 알렉산데르 둡체크의 실천 행동에 대한 이론 분석의 내용을 프랑스어로 찾을 수 없다.

1970년대 현대 작가들에 대해 엘륄이 강의 범위를 확대했다는 것은 그의 저작들에 마르크스주의가 두드러진 영향력을 미치고 있다는 확실한 반증이다. 마르크스주의에 대한 주제는『정치적 착각』1965 대장간역간과『새로운 사회통념에 대한 주석』1966에서는 영향력이 미미했으나,『부르주아의 변신』1967과 더불어 중요성을 갖기 시작한다. 마르크스주의는 엘륄의 혁명 3부작인『혁명의 해부』1969 대장간역간,『혁명에서 반란으로』1972,『인간을 위한 혁명』1982 대장간역간의 핵심을 이룬다. 또한, 리히타[5]의 문제의식에 비중 있는 자리를 제공한『기술 체계』1977 대장간역간에서도 마르크스주의는 큰 영향력을 발휘한다.『기독교와 마르크스주의』1979 대장간역간에서는 마르크스주의가 다른 방식으로 영향력을 발휘하고 있음을 확인할 수 있다. 강좌가 진행된 30년간 중요 주제로 논의된 이후, 마르크스주의는 1960년대 후반부터 엘륄의 지적 산물에 등장하기 시작한다. 마르크스주의는 엘륄의 관심 영역에서 결코 사라지지 않았다. 정치연구소 강좌들이 그것을 매우 잘 입증하고 있다. 그러나 한 편으로 엘륄은 사회에 대한 마르크스

---

5) [역주] 라도반 리히타 Radovan Richta (1924-1983). 옛 체코슬로바키아의 철학자. 자끄 엘륄의 기술체계 관련 사상에 영향을 받았으며, 특히 기술수단의 매개를 통해 육체노동 사회에서 정신노동 사회로의 이행을 중점적으로 연구했다. 중요 저서로『우리 시대 혁명에서 인간과 기술』*Člověk a technika v revoluci našich dnů* (1963)과『기로에 선 문명』*Civilizace na rozcestí* (1966) 등이 있다.

주의의 이데올로기적 해석과 연관된 '당대 논쟁'에 개입할 필요를 느낀다. 또한, 자기 고유의 사상적 기준을 통해 알튀세르, 르페브르, 드보르, 마오쩌둥, 리히타와 같은 저자들이나 정치가들을 어김없이 거론하고, 동의 혹은 이의를 제기한다.

이 강좌 4장의 '체코 마르크스주의 사상에 대한 개관'은 마르크스주의와 사회주의 운동에 대한 엘륄의 개인적 관점을 보여준다.

"내가 체코슬로바키아 사상과 접촉했을 때, '사회주의 일반'에 관한 일말의 희망을 이어갈 수 있게 되었다. 새로운 것이 보였고, 그것은 오늘 서구 사회의 실제 특성과 일치한다. 곧, 기술사회 문제들에 대한 마르크스주의적 응답인 셈이다."

이러한 몇 가지 내용은 엘륄이 기술에 관한 주제와 마르크스 사상 사이에 구축했던 관계에 대한 확실성을 낳는다. 더욱이 기술에 관한 주제는 다음과 같은 내용을 명확하게 환기시켰다.

"만일 마르크스가 오늘 되돌아온다면, 그는 어떤 현상을 우리 사회의 특징으로 고려할 것인가? 우리 베르나르 샤르보노와 자끄 엘륄는 분명히 그것은 더는 자본도 아니고, 자본주의도 아니며, 기술 발전과 전문 기술이 성장하는 현상일 것으로 생각한다." '장-클로드 기유보'와의 대담,「누벨 옵세르바퇴르」, 1982년 7월 17일자 엘륄이 항상 강력히 주장했던 것처럼, 마르크스 사상은 자신[엘륄]의 삶을 만들어준 기독교 계시와 양립 불가능한 것으로 나타난다. 그럼에도 불구하고, 살아있는 마르크스주의를 위해 강조되는 그의 관심과 리히타의 연구 주제들에 관한 그의 지지 표명은 엘륄 저작, 특별히 기술^{technique}과 선전^{propagande}에 대한 연구를 이해하는 데 있어, 어느 지점에 마르크스주의의 축^{axe}이 꼭 필요한지를 분명히 보여준다.

미셸 우르카드, 장-피에르 제제켈, 제라르 폴.

서문과 감사의 글

자끄 엘륄이 마르크스주의에 전념한 강좌들 가운데 두 번째 부분인 이 강좌는 지난 2003년 출판된 "마르크스 사상"에 관한 강좌와 더불어 보르도 정치연구소에서 이루어진 강의 내용을 포함하고 있다. 이 책은 다음 자료들에 근거하고 있다.

- 알랭 뒤보셸Alain Duvochel이 1967-1968년 학기에 작성한 강의 기록.
- 장-피에르 제제켈Jean-Pierre Jézéquel이 1967-1968년 학기에 작성한 강의 기록.
- 자끄 엘륄의 허락으로 보르도 정치연구소 학생회 주관으로 편집된 등사본 문서. 총 42쪽인 이 문서의 제목은 「마르크스주의의 발전과 모순」Développements et contradictions du marxisme이었다. 이 자료의 정확한 날짜는 표시되어 있지 않으나, 여러 가지 증거로 보아 50년대 말 혹은 60년대 초 문서로 추정된다.
- 1977-1978년 학기에 진행된 총 32쪽 분량의 다른 등사본 문서가 있다. 이 문서의 제목은 「마르크스의 후계자」Les successeurs de Marx이다. 이 문서에는 정확한 출처가 표시되어 있지 않다.

미국 뉴욕주에 위치한 스크랜턴대학 교수인 조이스 행크스Joyce Hanks가 후반부의 두 자료 '마르크스주의의 발전과 모순' 과 '마르크스의 후계자' 를 제공했다.

위에 언급된 4가지 자료는 이 책의 초반 3장의 내용을 이룬다.

체코 마르크스주의에 할애된 이 책 4장의 구성 자료는 다음과 같다.

- 다니엘 세레쥐엘Daniel Cérézuelle이 1975~1976년 학기에 기록한 강의 기록 내용.
- 같은 해 반더버그Bill Vanderburg 현 토론토대학 교수에 의해 녹음된 카세트 자료. 이 녹음 자료는 빌 반더버그의 시력 약화 때문에 자끄 엘륄의 동의하에 제작되었다. 녹음 자료가 제작된 당시 강좌의 이름은 「마르크스의 후계자 – 체코 마르크스주의」*Les successeurs de Marx - le marxisme tchèque*였다.

이 강좌를 복구하는데 이바지한 문서들의 상당 부분이 대서양 저편미국, 캐나다에서 발견되었다고 하여 상징적 가치가 떨어지는 것은 아닐 것이다. 도리어 우리는 엘륄의 국제적 명성이 대서양 저편에 나타났다는 것을 기쁘게 생각한다. 동시에 엘륄의 유산을 짊어지기 어려워하는 프랑스 지식인들에 대해 개탄을 금할 수 없다.

이 책에 붙여야 했던 제목 선택에 의문이 들었다. 왜냐하면, 두 가지 제목 모두 가능하며 정당하기 때문이다. 우리는 자끄 엘륄이 『마르크스의 후계자』라는 제목을 유지하며 강의를 진행했던 것을 드러내는 일에 가장 타당한 제목을 택했다. 『마르크스주의의 발전과 모순』이라는 제목은 이 책 1장에서 3장의 내용을 포함하는 부분에 적용되지만, 『마르크스의 후계자』는 첫 장에서 체코 마르크스주의[4]장까지 전체적으로 적용될 수 있는 제목이다.

책 아래의 주석과 참고문헌은 편집자가 작성하였다.

작은 글씨로 안쪽으로 들여쓰기 되어 있고, 앞에 표시가 되어 있는 일부 문단은 책에서 다루어진 주제에 대한 거리감 표시에 상응하는 것이다. 이는 강좌가 시행된 시기에 대한 고려, 또는 자끄 엘륄의 개인적 견해 표명에 대한 것이다. 우리가 이러한 엘륄 개인의 견해 표명을 표시를 통해 유지하고자 하는 이유는 비록 마르크스주의에 대해 학적혹은 전문적이지는 않으나, 마르크스주의의 다양한 학파들에 대한 자끄 엘륄의 견해를 이해하는 데 도움이 되리라 판단하기 때문이다.

조이스 행크스, 다니엘 세레쥐엘, 알랭 뒤보셸, 빌 반더버그에게 감사의 말을 전한다. 그들이 없었다면 이 책 출판은 요원한 일이었을 것이다.

미셸 우르카드, 장-피에르 제제켈, 제라르 폴.

서론

거대하고 응집력 있는 지적 집단인 '마르크스주의'는 마르크스주의자가 되고자 하는 여러 저자가 선보이는 다양성 때문에 소개하기 까다로운 학설이다. [마르크스주의 내부에] 지난 한 세기 동안 다양한 해석들이 출현했다.

'19세기를 설명한 이론'에서 비롯된 이러한 다양성들을 어떻게 설명할 수 있을 것인가? 또한, 이들의 분열은 어떻게 일어났는가?

먼저 우리는 마르크스 사상 자체를 연구함으로 그 원인들을 찾을 수 있다. 마르크스 사상은 '철학사상'이며, [이 사상을 연구하는] 다양한 유파를 형성했다.

그러나 다른 한 편으로 마르크스의 세계와 관련하여 세계의 변화와 밀착되는 발전의 원인들도 존재한다. 그러나 마르크스의 세계를 따라 세계 변화를 겨냥하는 발전의 원인들도 존재한다. 마르크스의 독창성은 사상과 실천을 분리하는 것을 거부하는 자리에서 나온다. 이러한 마르크스 사상은 '사건들과의 마주침'과 '사건들과의 대면'을 벗어날 수 없다. 마르크스가 과연 옳았는지 우리는 이러 저러한 점에서 문제를 제기할 것이다. 그러한 비교는 필연적이다. 과연 마르크스 사상은 언제나 유효한 사상인가? 마르크스 사상은 항상 타당한 사상인가?

더욱이 마르크스 사상에서 나온 다양한 흐름들 사이에 존재하는 차이가 다양성을 점차 심화시켰다. 그리고 결국, 이러한 심화는 '어느 때 우리는 자신이 마르크스주의자라고 말할 수 있는가'라는 제한들에 대한 질문으로 나아가게 된다.

1. 대립요인 1 : 마르크스 사상 내부

1.1. 미완의 작업

엥겔스에 의해 출판된 『자본론』은 3권에서 멈췄다. 따라서 사회 계급들이 규정되어야 할 자리도 거기에서 멈춰 버렸다. 이것은 주목해 봐야 할 공백이다. 왜냐하면, 계급투쟁 분석은 사회 계급 규정을 함축하고 있기 때문이다. 이 공백이 모든 해석의 출발점이다. 동시에 프롤레타리아 독재라는 매개 구문을 환기할 수 있는 제반 가능성 부재 상태에 빠지게 된다.

마르크스에 준거하는 운동들은 두 가지 점에서 그의 다른 문서들을 사용했다. 곧, 문서 선택과 해석 가운데 다양성이 탄생하는 셈이다.

마르크스에게서 우리는 다음과 같은 역설에 대한 설명을 발견하기 어렵다. 곧, "지배 계급 이념들이 지배하고 있다면, 혁명 이데올로기가 프롤레타리아 가운데서 탄생할 수 있는가?" 더불어 우리는 마르크스가 자기 사상의 혁명성을 어떻게 설명할 수 있을지도 잘 알지 못한다.

하부구조와 상부구조의 상호 작용 문제에 관해서도 마찬가지이다. 엥겔스는 정치 경제와 하부구조에 관한 주장이 상부구조에 대한 생각을 크게 발전시키지 않았다고 말했다. 결국, 엥겔스와 마르크스는 더욱 압축되고 단순화된 표현으로 다음과 같이 미화했다. '역사란 나폴레옹 같은 예외적 인물이 아닌 인민 대중들에 의해 만들어진다.' 엥겔스와 마르크스는 상부구조들과 하부구조들과의 상호작용 가능성두 가지 의미 가운데을 연구하는 시간을 갖지 않았다.

마지막으로, 새로운 사건들을 해석하기 위해 하나의 방법론을 갖는 것이 기본적인 것이었다.

마르크스는 구체적인 방법론을 남겨두지 않았다. 우리는 마르크스의 저작을 해석해야만 한다. 오히려 그의 저작들을 재해석해야 한다. 그것은 여러 방법론의 도움을 받아 진행될 수 있는 문제이다.

1.2. 모순 내포 작업

마르크스의 작업은 기념비적이다. 그 작업에는 이따금 다수의 모순된 요소들을 포함하고 있다. 특히 그의 작업을 하나의 중심 이념으로 귀착하는 것은 어려운 일이다. 그러므로 소외, 프롤레타리아 독재 혹은 이윤, 잉여가치 등과 같은 마르크스 사상 총체를 수식하기 위한 한 가지 요소에 관해 주장하는 것으로 충분하다.

변증법적 과정에서 진행하는 마르크스는 표면적으로 볼 때, 두 개의 모순된 진리로 나아간다.

변증법은 실제적인 것을 파악하도록 하는 어떤 지성적 기교가 아니다. 오히려 그 이상이다. 마르크스 사상도 변증법적이기 때문이다. 마르크스 사상 양식 이해는 필요 불가결하다. 이런 변증법적 전개는 자신의 계승자들을 다음과 같은 딜레마 속에 가둬 놓는다. 곧 우리는 변증법적 사유의 운동을 보존하고, 그것을 새로운 현상들에 적용하며, 방법론과 교리에 대한 설명을 분리하는 방향으로 나아가는 것과 순수하게 형식적인 것 모두를 보존한다. 그렇지 않으면, 우리는 마르크스의 사상을 그의 주요 자료들에 고정하게 되고, 결과적으로 변증법적 운동을 잃어버리게 될 것이다. 따라서 마르크스 사상은 자율성에 이른다. 다른 경우에서와 마찬가지로, 그것은 비판에 열려 있다.

다양성은 해석들 속에서 탄생한다. 그것은 우리가 하나의 총체로서 마르크스 작품을 취했던 것만큼이나 무수히 존재한다. 마르크스 사상의 시대를 구분하는 일은 그 다양성들을 명료하게 하기 위한 중요 행보이다. 그러나 시대구분 그 자체가 다양성의 원인이다. 가령 알튀세르는

1848년 이후의 마르크스를 선택하지만, 또 다른 이들은 반대의 선택을 한다.

그러나 시대구분으로도 충분하지 않다. 왜냐하면, 마르크스 작품 속에는 '첫 번째 요소' – 비판과 반성적 사유를 따라 설명 – 와 '두 번째 요소' – 체계적 사유를 따라 설명 – 사이에 이율배반이 있기 때문이다. 전자는 『정치 경제 비판 요강』에 포함되어 있고, 후자는 『자본론』과 관련되어 있다. 전자는 인간이 체험한 역사에 관한 해석을 주고 있고, 후자는 역사에 대한 체계적 시각을 제시한다. 전자는 철학에 대한 어떤 극복 지점으로 이끌어가며, 후자는 유물론적 형이상학을 제공한다.

1.3. 마르크스의 몇 가지 미해결 문제

우선, 완전하게 동일시되지만, 마르크스 자신이 관심 있는 것처럼 생각하지 않았기 때문에 거부되는 문제들이 있다. 유물론과 신에 관한 물음도 마찬가지이다. [마르크스에게] 유물론은 참된 것으로 신은 존재하지 않는 것으로 제기된다.

호의적 평가를 받는 문제들이 있다. 이 문제들에 대해 마르크스는 답변을 주저하거나 모순된 답변을 제시했다. 특별히 역사에 관하여 우리는 다음과 같이 물을 수 있다. '인간은 자기 역사를 만드는가 아니면 인간 역사는 인간과 독립된 변증법을 따라 발전하는가?' 마르크스는 이 문제에 관해 수없이 사유했다.

또한, 마르크스가 주목하지 않았던 문제들도 있다. 특히 이 부분에는 다음과 같은 두 가지 문제가 제시된다.

– 물질로서 인간-주체 문제, 물질에 대한 반성으로서 의식 문제. 모든

것이 대상이라면 어떻게 주체는 존재할 수 있는가? 만일 주체가 존재한다면, 유물론은 더는 존재하지 않을 것이다. 모든 것이 대상이라면, 인간은 결코 존재하지 않을 것이다. 그렇다면, 프락시스실천, 혁명, 역사는 무엇이 되는가?
- **역사 완성의 문제**. 역사의 완성은 변증법적 방법으로 발전해 간다. 자본주의의 종말은 모순의 종말, 즉 역사의 종말이다. 사회주의에 모순들이 남아 있다면, 우리는 어떠한 완성에 직면하고 있지 않다.

마지막으로 마르크스의 작업은 그가 연구하지 않았던 전제 사항들에 머물러 있다. 분석에 있어서 마르크스는 매우 엄격함을 보였으나, 그것은 다음의 두 가지 생각들을 비켜 나간다.

- **진보 이념**. 마르크스의 전 작업이 바로 여기에 머물러 있다. 마르크스에게 모든 역사적 시기는 이전 시기보다 진보된 시기이다. 이것이 변증법의 토대 자체이다. 왜냐하면, 변증법은 진보 이념을 함축하고 있기 때문이다. 마르크스는 부르주아가 고안했던 진보 이념을 계승했다. 19세기에 진보 이념은 논의의 여지없는 명백한 것이었으며, 이는 마르크스가 당대 진보 이념에 대해 비판하지 않고 그것에 기초하여 자신의 작업을 구성해 갔다는 점을 설명해준다.
- **노동가치 긍정**. 마르크스에게 인간을 특징짓는 것은 바로 노동이다. 이러한 생각도 18세기 부르주아 계급에서 출발하며, 삶의 질의 상승에 대한 생각이 뿌리를 이루고 있고, 기계들과 기술이 발전하고 있던 시기에 만들어진 것이다. 이러한 생각은 마르크스가 이에 대한 비판을 진행하지 않았던 만큼 그의 시각에도 매우 명확하게 나타났던 것이다. 이것이 마르크스 작업의 두 번째 토대이다.

베른슈타인은 아나키스트들을 따라 노동에 대한 이러한 이데올로기를 비판한다. 소렐은 진보에 대한 이데올로기로 마르크스를 비판한다. 우리가 이렇게 전제된 것들을 문제 삼는 이상, 마르크스주의 분석은 더는 고정적이지 않으며, 마르크스주의 이데올로기의 분열을 낳게 된다.^이 것이 마르크스 사상에 대한 마르크스주의자의 비판적 사조이다

1.4 마르크스주의 저자 사이의 모순

마르크스주의 저자들 사이에는 다양한 형태의 모순점이 존재한다. 우리는 변증법적 모순들과 직면하여 [일종의] 규범을 발견할 수 있다. 그러나 마르크스주의 내부에서도 마르크스 저작의 다양한 측면에서 기인하는 무수한 흐름들이 존재하고 있다. 마르크스 사상에서 변증법적 모순들에서 나타나는 것에 관한 이해가 당연하다면, 불분명해지는 것은 모순의 극점들 가운데 하나가 타자를 제거해 버리는 것이다. 그러나 여기에는 비변증법적 모순도 존재한다. 그러므로 역사 발전은 없다. 이러한 비변증법적 모순들 속에는 다음과 같은 두 가지의 가능성이 존재한다.

- 마르크스 사상과 저작 안에 있는 모순들에서 비롯되는 모순들[마르크스 사상 내부 자체 모순].
- 마르크스 사상의 한 면만 이해한 마르크스주의자들에게서 시작되는 모순들. 이들은 마르크스 사상의 변증법적 운동을 공중분해 했다. 스탈린의 경우, 마르크스가 언제나 일원화시켰던 '변증법-유물론-역사' Dialectique-Matérialisme-Histoire를 세 요소로 분리했다. 스탈린은 마르크스 사상의 이러한 파열 위에 형식적으로 정당하나 근본적으로 그릇된 체제를 구축했다.

2. 대립요인 2 : 마르크스 사상 외부

마르크스 사상이 다양성을 보이는 주요한 외적 요인들은 세계의 지속적 발전 결과인 새로운 환경의 출현에서 비롯된다. 마르크스는 자신이 예견했던 것과 똑같이 전개되지 않았던 과거의 사건들에 관해 사유했다.

2.1. 가장 명확한 것 : 경제 조건들의 변화

마르크스주의자들은 역사, 경제 발전을 새로운 경제 환경에 대한 마르크스 사상의 적응이라는 방향으로 연구해 나간다. 일부 마르크스주의자들은 마르크스의 경제 분석이 부정확하다고 판단하기 때문에 그의 경제 분석을 포기한다.

이러한 경제 질서의 문제는 19세기 후반에 나타난다. 실제로, 자본주의는 서로 다르게 조직되면서 시작되었고, 마르크스에게는 근본적인 자본주의의 수많은 실패를 호도하기에 이른다. 자본주의는 자신이 느끼지 못하는 것보다 더 유연하게 나타난다. 주지하다시피 마르크스에 의해 형성된 비판들은 악화된 상황을 교정하고자 하는 자본가들에게 유익하다. 일례로, 우리는 점진적으로 경제 위기를 다스리는 방법을 학습한다. 자본주의는 현재의 위기를 해결하기 위해 이전의 위기들로부터 교훈을 도출해 낸다. 위기 체제는 마르크스가 예견했던 것과 다르게 작동하는 셈이다.

또 다른 사례로, 마르크스가 고려하지 않은 행동을 따라 사회가 나타나는 현상을 들 수 있다. 자본은 수천 가지 행동들 속에 녹아들지만, 마르크스는 이에 관해 예견하지 않았다. 이러한 점에서 조레스는 기업 내 민주주의 도입과 더불어 자본주의에서 사회주의로 이행할 수 있으리라 생각했다. 모든 것이 논의되고, 결정될 것이다. 이는 마치 [혁명실천] 행동과 투표용지가 동화되는 것처럼 보이게 한다. 이러한 조레스 사상은 마르크스 사상과 갈등 국면에 놓인다.

2.2. 사회 변화의 연속 도래, 사회 또는 사회-정치 유형의 변화

2.2.1. 첫 번째 변화는 독립 집합체인 제3세계의 출현이다. 마르크스가 생각하지 않았던 다양한 경제적 단계들이 고유한 체계 내에 공존하는 것과 더불어, 이 새로운 구조 분석을 마르크스 용어들로 어떻게 생각할 수 있을까?

2.2.2. 산업사회 내 전반적 생활수준 향상은 절대 빈곤화 법칙이 더는 통용되지 않는다는 것을 입증한다. 1955년 프랑스 공산당은 절대 빈곤화 법칙을 지지했다는 사실에 주목하라 또한, 이러한 생활수준 상승은 임금 철칙에 대한 재검토의 필요성을 제기한다. 노동자의 재화가 증가한다면, 임금 철칙은 마르크스 사상에서 했던 것과 같은 역할을 하지 못할 것이다.

2.2.3. 사회 계급 간의 차이가 완화되는 경향도 중요한 변화이다. 피착취 프롤레타리아 계급과 착취 계급을 명확하게 나누는 방식은 더는 존재하지 않는다. 도리어, 모든 계급 안에 다양한 관계들이 존재하고 있다고 말하는 것이 타당할 것이다. 이제는 두 계급의 분명한 구별이 아닌, 사회적 연속체가 존재하고 있다고 보아야 할 것이다. 우리는 그 반증으로 '급여자'와 '비급여자' 사이에 구별점이 존재한다는 것을 제시할 수 있을 것이다. 그러나 프롤레타리아가 아닌 '급여자' 사장, 간부 등도 존재한다. 더불어 이러한 반론은 여러 가지 반론들 가운데 하나가 아니다. 정확히 1860년, 새로운 계급 간부층이 출현했다. 본래 이 계급은 프롤레타리아나 부르주아 계급과 다르며, 실제 계급 분석을 복잡하게 만드는 사태를 연출했다.

2.2.4. 지식인들의 성장과 발전도 있다. 지식인들은 사회 전반에 예전 자신들이 전혀 하지 않았던 역할을 했다. 그들은 어떤 자본 소유자보다 역사와 사회의 과정을 명료하게 규정했다. 더불어 이것은 마르크스 사후 공산주의 운동 내부 지식인들의 역할이기도 하다. 지식인들과 실무자 혹은 전술가 사이에 실천프락시스 문제를 두고 발생한 분열도 있었다.

2.2.5. 국가 팽창 문제가 있다. 마르크스 시각에, 국가란 자본주의와 연결된 부르주아적 본질의 일면이다. 따라서 국가는 타도 대상이다. 그러나 일국 공산주의론이 중시된 순간부터, 우리는 마르크스 사상과의 모순에 직면하게 된다. 사실상 국가 이데올로기가 마르크스주의 이데올로기를 누른 셈이다.

동시에 제3세계와 관련하여, 이들 제3세계 국가들에게 모든 서구 국가들이 제국주의 국가로 여겨지는 것은 분명한 사실이다. 또한, 서구 노동자들이 제3세계 착취를 통해 부분적으로 '소득 상승'이라는 수혜를 누리는 것도 사실이다.

2.2.6. '산업사회'에서 '후기 산업사회' 혹은 '기술사회'로의 이행이 있다. 마르크스는 현실 발전 가능성들에 주목하지 않았고, 인간이 생산력 변화에 다다르게 되리라 예견하지 않았다. 그럼에도 불구하고, 이러한 변화에 관해 마르크스는 과거 생산력의 바탕에서 혁명을 사유했다. 그리고 그 후, 생산력 변화는 혁명보다 더 빠르게 진행되었다. 가령 '자동화'로 인해 우리는 더는 생산을 노동과 연결할 수 없다. 극단적으로 말해, '가치이론'에 따르면 생산품은 더는 가치를 갖지 못한다. 산업 체제는 우리가 더욱 인간적 노동에 흡수되어야 함을 전제했다. 그럼에도, 지난 25년 동안 발전은 그 반대로 여전히 미완의 과정에 불과한 '인적 노동

경제'l'économie du travail humain를 지향하고 있다.

이것은 마르크스주의 사상을 통해 동화되지 못하는 것이 아니다. 도리어 이것은 마르크스주의 내부에 있는 어려운 변화를 가정한다. 더욱이 마르크스는 이러한 변화에 필요한 이론적 도구를 제공한다.

마르크스 사상 해석이 전통적이고 반복적이라면, 그것은 결코 어떤 역할도 하고 있지 않다는 것을 뜻한다. 만일 그 해석이 새로운 현상에 대한 새로운 해석을 가능하게 한다면, 그 해석은 마르크스주의의 다양한 활동 안에서 단절을 야기할 것이며, 이단으로 여겨질 수 있을 단절을 불러일으킬 것이다. 체코의 사례를 보라

이러한 상황 속에서 다음에 이어질 내용은 마르크스 사상의 내용과 방법을 분리하고자 하는 하나의 노력이다.

우리는 마르크스가 당대 요소들을 해석했던 방식에 대한 태도와 결국, 그의 이론 구축에 대한 태도를 견지할 목적으로 무효화 된 다른 요소에 있는 경제적 요소들을 포기하고자 한다.

이것은 주기적으로 실행되었다. 베른슈타인이 그 서막을 열었고, 루카치가 그 뒤를 이었다.

중요한 사실은 다음과 같다. 하나의 이론이 마르크스주의 근원적 분석 방법에 종속혹은 다양한 저자들에 의한 것처럼 생각되는될 때마다 그 이론은 여러 다양한 공산당에 의해 비난을 받았다. 새로운 적용에 의해 방법을 구원하는 것은 공산당의 시각에서 볼 때 결코 성공적이지 않았던 길이다.

질라스[6]의 경우가 그러하다. 사회 범주들에 대한 새로운 연구 가운데

---

[6] 밀로반 질라스Milovan Djilas (1911–1995). 티토의 측근 지도자인 그는 1954년까지 구舊 유고슬라비아의 정치 지도에 열렬히 참여했고, 향후 점차 지도부와 분리되었다. 공산당 관료주의를 새로운 기생적 사회 계급의 출현으로 고발하는 저서 『신新 계급』The New Class (프랑스어 편집, La nouvelle classe dirigeante, Paris, Plon, 1957) 출판 이후, 질라스는 투옥된다.

질라스는 다음과 같이 생각한다. 곧, 우리가 마르크스주의 사상의 내용을 유지한다면, 현실과 더는 결코 관계없고 시대에 뒤떨어져 있는 어떤 것을 얻게 되리라 생각한다.

질라스의 경우와 마찬가지로 마르크스의 내용을 유지하지 않는 이들 모두는 수정주의라는 비난과 책망이 뒤따랐으며, 사태는 거의 해결 불가능한 경지에 이르렀다.

2.3. 소련 : 마르크스주의 현실화

소련의 실천이 마르크스주의 이론을 샘솟게 하였다.

프랑스에는 마르크스 사상과 연계되었던 1세대 마르크스주의자들1880년-1914년이 있었다. 그러나 1917년 이후, 이들 프랑스 마르크스주의자들은 재반성과 재해석되기 시작했으며, [사회주의 혁명이라는] 역사적 성공을 통해 '우월성'을 획득한 [소련] 마르크스주의와 조우하게 되었다. 권위는 – 당시 채택된 도식에서 – 그것의 토대를 구성하는 이론적 해석을 정당화했던 '역사적 성공'에서 왔다.

결과는 다음과 같다. 곧, 유일하게 가능한 해석은 1917년 성공을 거둔 해석이다. 달리 말해, 레닌과 스탈린의 해석이었다. 그 때문에 보충해 줄 수 있는 다양한 연구들이 빈약해졌다.

스탈린식 마르크스주의 해석을 채택한 사건은 오직 그의 해석을 통해서만 이를 수 있는 일종의 이행로, 즉 '비-지식' non-savoir에서 '지식' savoir으로 가는 통행로의 인상을 부여했다.

이는 정치경제와 역사 일반의 응고와 빈사상태에 이른 '역사' histoire에 있어서도 마찬가지였다.

카스토리아디스[7], 피에르 데[8]와 기타 여러 인물이 제기한 질문들은 우리가 단지 소비에트식 마르크스주의 해석 모델에만 머물 수 없다는 것을 주장한다.

2.4. 해석 다양성 문제 : 인간 계급 및 문화적 배경 포함

매우 복합적인 저작들을 제시한 마르크스를 읽는 독자들은 다음과 같은 다양한 단계혹은 상태에 있을 수 있다.

- 마르크스 저작은 '철학' 우선인가?
- '정치경제학' 우선인가?
- 오히려 '하나의 체계화' 가 우선인가?
- 그렇지 않다면 그가 '혁명적 사상가' 라는 점이 우선인가?

어디에 특권을 부여하는가에 따라, 우리는 다양한 읽기를 시도할 수 있을 것이다.

우리가 채택하는 읽기의 유형은 환경과 시대의 영향도 받는다. 따라서 독자의 독서 능력뿐 아니라 독자의 독법이 소속된 문화적 맥락으로부터

---

7) 코르넬리우스 카스토리아디스Cornelius Castoriadis (1922-1997). 그리스 출신의 비공산주의계 극좌 지성인 카스토리아디스는 1946년에서 1964년까지 똑같은 이름의 잡지를 출판하기도 했던 '사회주의냐 야만이냐' (Socialisme ou barbarie)의 주요 지도자였다. 당시 그의 중요한 글들은 『관료사회』La société bureaucratique (Christian Bourgeois éditeur, 1990)라는 책으로 재편집되어 수록되었다. 그의 저서 『사회의 상상적 제도』(L'institution imaginaire de la société, Le Seuil, 1975), 양운덕 역 (문예출판사, 1994)에서 카스토리아디스는 마르크스와의 결정적으로 거리두기를 시작하며 향후 사망할 때까지 연구할 민주주의에 대한 성찰을 시작한다.
8) 1922년에 태어난 피에르 데Pierre Daix는 1939년 공산당에 가입한다. 피카소와 아라공의 친구였던 그는 예술과 문학 활동에 전념한 공산당 주간지 「레 레트르 프랑세즈」Les Lettres françaises의 편집장이 된다. 1968년 데는 프라하의 봄을 지지했으며, 이것으로 1972년 「레 레트르 프랑세즈」는 폐간되기도 했다. [역주: 그러나 이 잡지는 1990년대 들어와 월간지로 개편하여 출판이 재개된다.] 예술에 집중한 저작들 이외에도, 데는 『프라하 일기』Journal de Prague (Julliard, 1968), 『심장에 있는 프라하』Prague au cœur (Le Seuil, 1974), 『침묵의 사회주의』Le socialisme du silence (Le Seuil, 1976)등을 출판했다.

오는 것이기도 하다.

지난 30년간, "마르크스가 진리를 말했고, 그가 무엇을 말했는가?"를 언급했던 이들과 고전적 방식인 '주석학적 방법'을 적용했던 이들 사이에 갈등이 있었다.

그러나 '구조주의적 독해'는 또한, 색다른 결과들에 다다르게 되었다.

결론적으로 말해, 문화적 진화에서 탄생한 변화들이 똑같은 문서에 대해 다양한 독해를 할 수 있도록 한다.

3. 다양한 사조

3.1. 마르크스주의 특징 : 프랑스, 독일, 러시아[9]

프랑스 마르크스주의 사조는 '마르크스주의 이전의 프랑스 사회주의자들의 영향'을 받았다. 프랑스는 마르크스주의를 다른 여러 사조 가운데서 특히 '사회주의 형식'으로 수용했다. 더욱이 주목해야 할 점은 프랑스의 사회주의 전통은 이상주의적이며, 아나키스트적이고, 인간주의적이라는 것이다. 또한, 프랑스 마르크스주의자들은 이러한 요소들을 통해 마르크스를 이해하며, 때때로 그의 사상 일부분을 포기하기도 한다. 이들은 '교조적 요소' 보다 오히려 '실천적 요소'에 더 관심이 있다.

이와 대조적으로, 독일 마르크스주의 사조는 '철학적 문제'들에 매우 집중되어 있다는 점을 보여준다. 다음의 두 가지 점에서 볼 때 독일 마르

---

[9] [역주] 역자가 임의로 편집한 해당 목차의 원제목은 다음과 같다 : "첫째로 우리는 여러 마르크스주의 가운데서 각 나라의 내적 갈등에도 불구하고, 국가 간 분리 지점이 있음을 확인한다. 이러한 시각에서, 우리는 프랑스, 독일, 러시아 마르크스주의를 구별할 수 있다."

크스주의는 마르크스 사상에 대해 매우 충실하다.

- 반(反)마르크스주의자들의 도전에 직면하여, 독일 마르크스주의자들은 마르크스 사상의 타당성을 입증할 근거들과 사상의 정당성을 찾았다.
- 독일 마르크스주의자들은 마르크스 사상과 동시대 운동을 전적으로 일치시키고자 마르크스 사상을 더 깊이 파고드는 방법을 익혔다. 베른슈타인, 리프크네히트, 그리고 최근 루카치의 활동이 이에 해당한다.

마지막으로 러시아 마르크스주의는 '거대 형식주의'라는 특징을 갖고 있다. 이들에게 사상이란 완전히 고정된 것이다. 그들은 단지 그 사상을 이해하는 것으로 충분하다고 말한다. 이로 보아 논쟁은 '주석학적 성격'을 갖게 되며, 가장 일반적인 방법은 '인용'이 된다. 곧 이들에게 마르크스는 자신들의 진행 방향을 뒷받침하는 '인용'이 가장 타당한 권위이자 명확한 진리를 구성하는 셈이다.

3.2. 사회주의와 공산주의 대립

교리적 관점에서 우리는 '**사회주의파**'와 '**공산주의파**'라는 마르크스주의의 두 가지 흐름을 나누어 볼 수 있다. 현실은 보다 복잡하며 세 가지 실세를 구별할 수 있게 한다. 첫째로 마르크스 사상의 엄격함과 인간주의적 가치를 화해시키고자 했던 '이상주의적 사회주의' 베른슈타인, 조레스가 있다. 둘째로 본질적 문제가 방법의 문제인 '변증법적 유물론 형식의 사회주의'가 있다. 마지막으로 우리는 가장 중요한 문제가 **혁명**의 문제인 '혁명적 사회주의'를 발견할 수 있을 것이다. 이 다양한 운동들 사이에 있는 단절이 마르크스 사상의 다채롭고 본질인 지점들에 위치하게 될 것이다.

 단절의 첫 번째 지점은 사회주의 사회를 지향하는 자본주의 사회 발전 계획에 있다. 그 이행은 자동적으로 실행되는가 아니면 혁명적 행동의 결과로 존재해야만 하는가? 마르크스에게 있어서는 두 가지 가설들이 가능할 것 같다. 이러한 이행이 자동적 방식으로 실행되어야만 한다면, 폭력적 행동을 개시하는 것은 불필요하며, 운동을 돕는 것에 만족한다는 점은 분명하다. 반대 경우에는 혁명 정당을 만들어야 하며, 프롤레타리아 독재가 가능한 도처에 그것을 창출해야 한다.
 또 다른 부분에서 마르크스주의자들은 자본주의 경제 분석과 자본주의 발전에 대한 경제 분석에 관하여 서로서로 분리된다. 자본주의 발전에 대한 경제적 분석은 마르크스가 기록했던 것에 상응하지 않는다.
 마지막으로 미래 사회에서 무엇이 일어날 것인가의 문제이다. 왜냐하면, 마르크스는 결단코 사회주의 사회를 기술하지 않았기 때문이다. 일부 사상가들은 마르크스 대다수 문서들로부터 국가, 군대 등의 소멸이 있을 것이라 본다. 이는 소렐과 같은 유형의 아나키즘 성향을 야기한다. 다른 이들에게 있어 이러한 문제를 고려하는 마르크스의 문서들은 프롤레타리아 독재, 국가 강화 및 중앙집권화와 연계되며, 권위적 마르크스주의에 이르는 것이 된다.
 전반적으로 우리는 '이상주의적 마르크스주의'가 아래 두 요소에 의해 특성화되는 '사회민주주의' 베른슈타인, 조레스, 힐퍼딩의 탄생을 야기했다고 말할 수 있을 것이다.

 ─ 이 사조의 지지자들은 민주주의를 통해 사회주의로의 이행을 믿고

있다. 따라서 민주주의가 전부이다. 이러한 조건에서 변신은 자발적이며 혁명은 필연적이지 않다.
- 다른 편에서 볼 때, 이들에게 민주주의는 예측 불가능한 도박이며, 그들은 역사가 반드시 사회주의로 간다는 확신에 의한 분명한 작동 기제를 채택하는 최초 인물들이다.

사회민주주의 성향에 대립된 입장으로 우리는 '변증법적 유물론 마르크스주의' 사조레닌과 스탈린를 발견할 수 있다. 여기에 해당하는 마르크스주의자들은 역사는 스스로 발전하지 않는다고 평가한다. 그러므로 혁명을 일으키기 위한 개입이 필요하다. 그것은 '작동기제' mécanisme에 따라 미묘한 차이를 갖는 자발적 경향이다. 곧, 변증법 때문에 우리가 사는 변증법적 단계가 혁명적 과정에 참여하기 위해 충분히 무르익은 것인지를 아는 것이 중요하다. 다음과 같은 두 가지 가능성을 고려해 볼 수 있다.

- 이 도박에서 이긴다면 즉 혁명이 성공한다면, 변증법적 분석이 옳았기 때문일 것이다. 따라서 그 분석의 실행자는 정확한 마르크스주의자일 것이다.
- 만일 혁명이 실패한다면, 그것은 분석이 정확하지 않았기 때문일 것이며, 그 분석을 도출해 낸 자 역시 마르크스주의자가 아닐 것이다. 왜냐하면, 그는 결코 변증법을 적용할 줄 모르기 때문이다.

이러한 사조에서 볼 때, 이론적 타당성의 보장은 역사적 성공에 달렸다.

마지막으로 더욱 자발적이고, 모험적인 '과격파 혁명 마르크스주의'가 존재한다. 혁명을 일으키고, 혁명을 성공할 수 있는 모든 기회가 우리에게 있는지 알 수 있을 자료 전체를 소유하는 것은 결코 가능하지 않다. 따라서 기회를 엿보는 것과 "단절"을 시도하는 것이 중요하다.^{트로츠키} 그러므로 이러한 시각에서 볼 때, 역사는 마르크스주의의 설명 방식대로 발전하지 않는다.

3.3. 실천가와 이론가 사이의 대립

실제로 마르크스는 '지적 복합체'를 제작함으로 '정확한 이론'과 '정의로운 실천'을 자기 사상 안에 결합하고자 했다. 한 세기가 흐른 지금, 마르크스주의는 당대 대중들의 이해에서 벗어나 오늘의 다양한 형태로 인간사에 어떠한 영감을 줄 수 있는가? 실제로 여러 다양한 집단들^{주로 여러 공산당}에 의한 일의적 해석 혹은 다양한 해석의 매개가 존재했다.

마르크스 사상이 지배적인 이유는 마르크스에서 출발한 실천가들과 전술가들 때문이다. 하지만, 전략에 대한 성찰과 다른 내용에 더는 관용을 베풀지 않는 '전략가들'과 더욱 광범위한 반성 도출을 시도하는 '지식인들' 사이에 단절이 발생했다. 이러한 갈등은 빈번하게 공산당에 반대하는 지식인들의 반항으로 변형되었다.

더욱이, 마르크스 사상에서 출발한 마르크스주의 지식인들의 반성은 실천 단계에 대한 반향을 일으키기 시작했다. 특히 생산력과 생산관계 사이에 형성되는 '관계들'에 관한 문제의 경우, 해석 오류가 러시아 혁명 바탕을 구성했다. 생산관계와 생산력 사이에 상호 작용들이 존재하는 것처럼 보였고, 그것이 검증된 것처럼 보였다. 그러나 러시아 혁명가들의 해석은 다른 해석들을 희생시키고 단 하나의 해석에 우선성을 부여했다. 바로 이것이 오류다.

일반적 지평에서 볼 때, 지식인들과 충돌하는 핵심 질문은 다음과 같다. 곧, 19세기에 나온 전략을 유지하는 작업을 지속할 수 있는가? 달리 말해, 재검토가 불가능한 기계론적 전략 유지를 지속할 수 있는가?

3.4. 제3세계로의 마르크스주의 확산과 근본적 대립

여기에는 마르크스주의와 전혀 관계없는 것일지라도, 마르크스주의나 마르크스주의로 명명된 다채로운 요소들의 면면이 존재한다. [여기서] 우리는 고전적 주제들에 대한 재해석 문제와 직면하게 된다. 가령, 사회 계급과 계급 간 관계 더불어 대립적 모순과 비대립적 모순들 사이의 구별에 관한 소개 및 변증법에 대한 재해석 문제와도 조우하게 된다. 실제로 중국 마르크스주의는 무엇보다 도덕주의이다. 곧, 중요한 것은 도덕적 수준에서 사회주의적 인간을 만드는 것과 도덕적 수단을 통해 사회주의적 인간을 만드는 것이다.

이것은 마르크스에 대한 "유가儒家적" 해석 '공자'를 따른 해석이다.

4. 한계

다음과 같은 문제가 제기될 수 있다. 한 집단이나 사상의 발전에 앞서, 우리는 언제부터 마르크스주의자가 되고 또한, 그것을 지속하는가?

이 물음에 대해 우리는 다음의 4가지 방향으로 답하고자 했다.

- 혹자는 투명하고 분명한 한계선을 설정하려 한다.
- 두 번째 해법은 본질적 주장들을 제기하는 데 있다.
- 또 다른 해법은 규정을 가능하게 하는 중심 기준을 설정하는 데 있다.
- 마지막 방향은 일련의 경험을 마르크스주의에 동화시켜 거기에 소

속되도록 하는 것을 수락한다.

4.1. 확실한 경계선 설정

질문은 누가 한계선들을 고정할 것인가를 아는 것에 있다. 즉, '정통에 대한 수호자가 존재하는지'에 관한 물음이다. 이는 여러 공산당 및 인터내셔널과 더불어 발생했던 일이기도 하다. 그 이유는 이러 저러한 배제 작업 때문에, 마르크스주의에 순응하지 않는 자를 이단시하여 처벌했기 때문이다.

다만 우리는 종종 이러한 태도를 순수 형태에 있는 것처럼 생각한다. 그러나 그것은 정확하지 않다. 왜냐하면, 공산당이 유일하게 '실천프락시스'를 견인하므로 오직 공산당만이 한계점을 경계를 설정할 수 있고, 결정권을 갖는다는 근본적인 부분이 쟁점으로 부각될 수 있기 때문이다. 당이 유일하게 실천프락시스을 이끌어낸다고 생각하는 한, 어떤 이론이 정당한지 말할 수 있는 당사자는 오직 당에 국한된다. 실천프락시스에 오류가 나타나는 사태에 이르는 경우, 그것은 출당된 개인이나 복수의 기성 당원들의 사태로 전락하고 만다.

앞 선 주장에 이어 일어나는 문제는 여러 당에서 나오는 다양한 견해의 문제이다. 정확한 실천프락시스은 어디에 있는가? 무엇이 정당한 이론인가?

스탈린에게 있어, 규칙이란 만국의 공산당들의 의무적 동조를 뜻한다.

1960년 중국은 그 예시를 따라가지 않는다. 덩샤오핑은 소련 대표자들에게 마르크스주의의 진리는 당의 지도보다 더 높은 자리에 있어야만 한다고 말한다.

이러한 관점에서 볼 때, 한계들에 대한 이론은 더는 사용될 수 없다.

4.2. 본질적 제안

이것은 여러 주장 속에서, '소속'과 '소속의 기준'에 대한 연구를 뜻한다. 마르크스주의 사상은 몇 가지 요소로 정확하게 요약될 수 없는가? 그리고 그로부터 참과 거짓이라 말하는 것이 가능할 수 없는가? 바로 이러한 물음이 스탈린을 만들어냈다. 그러나 누가 이러한 요약 작업을 실행할 것인가? 익히 알려진 학설에 대한 책임 담당 기관은 무엇인가? 이러한 선택은 많든 적든 나머지를 제거하는 쪽으로 가게 되며, 의혹을 받는 요약이 될 것이다. 그러나 공산당 서기장이 친히 이러한 요약 작업을 집행한다는 점이 더욱 큰 의혹으로 되돌아온다.

따라서 이단자들을 구별 짓는 것은 어렵다. 우리는 마르크스주의자를 자처하면서 마르크스 사상의 일부 요소들만으로 [자신이] 부당하다고 여기는 비주류 이론들을 인정하지 않는 한 인간의 고소, 비방에 응답할 수 없다.

이 문제는 교회 관련된 것과 똑같은 유형의 문제라는 점에 주목하라.

4.3. 핵심 기준 정의

1910년 플레하노프는 '마르크스주의자 되기' être marxiste를 세 가지로 제시한다. 첫째로, 마르크스가 있었던 토양 그 자체에 있는 것이며, 둘째로 마르크스 자신이 제기했던 지점에서 문제를 제기하는 것이다. 마지막으로 마르크스 방법으로 여러 물음을 검토하는 작업이 그의 주장들에 대한 포기를 강요하지 않는 이상, 마르크스주의자가 된다는 것은 마르크스의 여러 명제를 지지하는 것이라고 주장한다.

이러한 방향은 앞에서 언급된 두 가지 방향보다 더 심오하지만, 동시에 위험한 입장을 취하고 있다. 왜냐하면, 인정된 하나의 진리는 결코 존재하지 않을 것이고, 오히려 최선의 일치를 위한 지속적 연구가 존재할 것이기 때문이다.

4.4. 마르크스주의에 소속되고 동화되는 일련의 경험

이러한 경험은 전형적으로 중국 공산주의의 방향이다. 달리 말해, 우리는 '선한 공산주의자' bon communiste의 태도를 설명하며, 설명의 목적은 선한 공산주의자의 태도를 따르는 데 있다. 바로 그 설명은 탄생에서 죽음에 이르는 '생활양식'에 관한 것이다. 그러한 생활양식의 자리에서 모든 것은 사전에 예견된다. 중국인들은 다음과 같이 말한다. "그렇게 존재할 때, 우리는 공산주의자일 것이다."

이러한 언급은 유효하다. 그러나 다음과 같은 질문도 제기된다. 곧, 마르크스주의자라고 자처할 수 있는 자는 과연 누구이며, 또한, 마르크스주의자가 아닌 자는 누구인가?

1장. 프랑스의 두 사례 : 조레스와 소렐

1. 조레스의 마르크스 사상

1.1. 총론

1893년 철학 교수 조레스[10]는 자신이 게드[11]와 라파르그[12]를 잇는 마르크스주의자임을 천명한다. 그러나 동시에 그는 공화주의자로 남고자 했다. 이것이 첫 번째 질문으로 제기된다. 왜냐하면, 우리는 마르크스에게 민주주의와 공화정은 부르주아 국가의 형식일뿐이라는 점을 알고 있기 때문이다. 그러나 조레스에게 있어 이 둘의 결합은 가능하다.

---

10) 장 조레스Jean Jaurès (1859-1914)는 1885년 타른[역주: 프랑스 지명]의 하원의원으로 처음 선출되었을 당시, 툴루즈 대학 교수였다. 그는 1893년 프랑스 노동당에 가입한다. 1905년 '국제 노동자회 프랑스 지회' (SFIO)에 프랑스 사회주의자들의 결집이 성사된 후, 조레스는 이 정당의 당수가 된다. 전쟁(제1차 세계대전)을 예측하고, 이에 반대한 그는 전쟁 선언 전날인 1914년 7월 31일 암살된다. [역주] 제1차 세계대전은 1914년 7월 28일 오스트리아가 세르비아에 대한 선전포고로 시작되었고, 8월 1일 독일이 러시아에 선전포고함으로 전선이 크게 확장된다.
11) 쥘 게드Jules Guesde (1845-1922)는 1882년 폴 라파르그와 더불어 몇 년 후 프랑스 노동당이 될 '노동당' 창당의 주역이다. 프랑스에서 노동당은 환원주의적이면서 과격한 마르크스주의를 대중화하는 원동력으로 여겨졌다. 제1차 세계대전이 시작될 무렵 민족주의적 입장을 채택하면서, 게드는 1914년 국무장관에 임명되어 1916년까지 재직한다.
12) 폴 라파르그Paul Lafargue (1842-1911)는 매우 이른 나이에 사회주의 운동에 투신했고, 1868년 마르크스의 사위가 된다. 그는 제1인터내셔널 구성원이었으며, 파리 코뮌에 참여했다. 여러 저서의 저자이며, 특히 매우 중요한 저서로 자평한『게으를 수 있는 권리』(조형준 역, 새물결, 2013)를 썼다.

그는 실제로 "부르주아" 정부에 사회주의자들이 참여하는 문제에서 사회당 지도자들과 대립 관계에 있었다. 사회당이 국회의원이 되려는 소명을 가진 후보들을 천거하는 것을 수용했다. 그러나 이러한 의원들 가운데 하나가 수상이 될 수 있으며 행정 책임자에 이를 수 있었는가? 문제는 코뮌에 대한 총살령을 집행한 갈리페Galliffet의 측근이었던 밀르랑Millerand의 행정부 집권과 더불어 제기되었다. 쥘 게드에게 이것은 받아들이기 어려운 것이었다. 그러나 조레스는 "세포조직잠입공작" 기술을 적용할 수 있는 정부에 사회주의자의 침투를 두드러지게 했다. 활동의 성패는 사회주의 수상 개인에 달려 있게 될 것이다. 그러므로 조레스는 마르크스주의적 태도와 공화정 원리 간의 화해를 추구했다. 또 이 때문에 조레스는 마르크스주의자와 민주주의자를 단일 운동으로 연결할 목적을 갖고 형성된 좌파들의 대표자 자리에 앉게 되었다.

논쟁은 1904년까지 지속하였다. 당시 국제노동자연맹은 회의를 통해 부르주아 사회주의자들의 [부르주아] 행정부 참여에 대한 생각을 비난했다. 조레스는 자신의 논제에 대한 이러한 거절에 직면하여 굴복한다.

조레스는 게드와 더불어 기관지 「뤼마니테」*L'Humanité*를 만들었다. 그는 「독일 사회주의의 기원」, 「사회주의 행동」, 「신新무장」, 「위대한 사회주의 역사」_역사 해석에 대한 시론_과 같은 자신의 초기 글들을 통해 식민주의를 고발하고, 식민지 갈등과 자본주의 국가들 간의 전쟁을 예고하는 초기 인물들 가운데 하나이다.

우리는 조레스 사상의 철학적 문제와 마르크스주의와 관념론을 화해시키고자 하는 그의 의도를 분석하고, 조레스의 경제적 분석과 계급투쟁과 자본주의에서 사회주의로의 발전에 관한 연속적 분석을 시도할 것이다.

중요한 점은 다음과 같은 조레스의 정신을 지키는 것이다. 그 정신이란, 항상 정통 마르크스주의에서 지나치게 떨어져 있지 않으면서 다른 여러 사조와 극단적으로 대립하지 않는 일에 대한 투명한 관심 표명을 뜻한다.

1.2. 마르크스주의와 관념론

조레스가 마르크스주의에 대한 포기 혹은 수정을 제안하지 있지 않다는 점을 주목해야 한다. 그는 마르크스주의에 대한 곡해 없이, 마르크스 철학과 철학적 관념론을 연결하고자 한다.

이후 블룸[13]은 마르크스의 "경제 유물론"과 "형이상학적 유물론"을 구별함으로 이와 유사한 모습을 보일 것이다. 곧, 블룸의 생각에 마르크스는 형이상학적 유물론을 함축하지 않은 경제 유물론을 가르쳤고, 자신의 경제 유물론으로부터 형이상학적 유물론을 도출하지 않았다.

1.2.1. 마르크스의 분석과 마찬가지로, 조레스는 무엇보다 역사 변증법적 해석이 유지되어야 한다고 생각한다.

마르크스에게 있어, 역사 유물론은 생산관계와 생산력 사이의 괴리를 낳았다.

조레스는 변증법에 대한 똑같은 개념을 갖고 있지 않았다. 그에게 있어 변증법은 생산력과 생산관계 간 갈등의 결과물이 아니다. 변증법은 경제학 내부에 자리 잡고 있지 않으며, 경제와 "도덕 가치" 사이의 대립으로부터 나온 결과이다. 그러므로 변증법적 측면을 통해 조레스는 화해할 수 없는 것들에 붙잡혀 있는 다양한 요소들을 화해시키고자 한다. 실제로 변증법이 경제학과 "도덕 가치" 사이의 대립에서 기인한다면, 우리

---

13) [역주] 앙드레 레옹 블룸 André Léon Blum (1872-1950). 알자스 출신의 프랑스 언론인이자 정치가. 1899년 사회당에 입당하여 국회의원, 사회당 당수, 수상을 역임했다.

는 자유와 결정론, 역사와 자연, 개혁개량주의와 혁명, 관념론과 유물론 간의 관계들을 설명할 수 있을 것이다.

그러나 이것은 똑같은 역사에 대해 관념론적 해석을 거부하는 방향으로 인도하는 역사 유물론에 대한 포기를 의미한다.

조레스에게 역사 발전이란 경제 결정주의에만 의존하는 것이 아니다. 분명히 정치 경제는 하나의 본질적 현상이며, 밑바탕 현상이다. 그러므로 경제 발전이 사회 전체의 발전을 견인할 것이라는 점은 확실하다. 그러나 조레스는 다음과 같이 덧붙인다. "경제가 사회의 바탕을 이루는 현상이라는 것을 실제로 확인한 이상, 우리는 답보 상태에 있다. 이러한 변형은 결코 즉자적이지 않으며, 의미를 갖고 있지 않고, 결코 어떤 것을 의미하지도 않는다. 따라서 경제 현상이 사회 발전에 대한 어떤 의미, 가치를 주지 않는다. 인간은 어떠한 이념이나 성향, 감정의 현실화를 시도하며, 특별히 정의감에 대해 그러하다."

이로부터 조레스는 마르크스주의와 멀어지게 된다. 애초 조레스에게 인간이란 "자기 운명에 대한 막연한 생각"을 가진 존재였다. 심지어 경제적으로 가장 하층에 형성되는 삶 이전에, 모든 인간의 바탕에 정의를 전제하는 이념, 가장 원초적이라 할 수 있는 이념이 존재한다. 문명에서 문명으로 인간이 지속하는 이러한 정의에 대한 이상理想은 경제 활동에 모종의 의미를 부여한다.

인간이 노동 현장에 있을 때, 욕구 만족이나 행복을 우선으로 추구하지 않고 인간 자신의 어떤 형이상학적 측면을 구현하고자 한다. 조레스가 보는 역사Histoire 속 노동하는 인간은 하나의 형이상학적 인간이라고 할 수 있다. 그러나 이러한 인간은 자기 운명에 대한 복잡한 시각만 가진 것이 아니라, 다음과 같은 세 가지 기본 단계를 갖고 있다.

- 인간은 현상들의 다양성을 가로지르는 통일성을 찾고, 각 현상 간의 관계성과 통일성을 구축하고자 하는 성향을 보인다.
- 인간은 이해관계를 떠난^{사심} 없는 미학적 감각을 보유하고 있다. 조레스는 원시인에게는 무상의 감성이 있다고 평가한다.
- 인간은 자신과 유사한 것들에 대한 동정심을 갖고 있다.

그러므로 모든 **역사**는 이 세 가지 거대한 경향의 발전이며, 표현이자, 실현이다. 따라서 인간의 발전은 기술 수단의 변혁이 아닌, 인간 속에 새겨 있는 성향들의 영향력하에 가능한 것이다.[14] 경제 현상들은 인간이 지탱하고 있던 본질적 이상을 점진적으로 드러내야 한다. 결국, 경제력의 결과인 이러한 이상 실현에 하나의 장애물이 존재하는 셈이다. 또한, 인간은 자신이 소유한 가장 가능성 큰 이상을 표현하려면 경제력을 지배해야만 한다.

따라서 조레스가 관념론적 개념을 유물론적 개념으로 대체하는 것처럼 보일 것이다. 그것은 아무것도 아니다.

1.2.2. 조레스가 관념론적 개념을 위해 유물론적 개념을 부정하고자 하는 것은 아니다.

오히려 그는 양자를 화해시키고자 한다. 또한, 통합된 발전, 하나의 동일 진리 속에 서로 맞닿는 동일 실재의 두 가지 상보적 양태로서 둘을 연결하고자 한다. 그러므로 조레스는 다음과 같이 말한다. "우리가 경제적 관계로부터 인간을 추상화할 수 없다면, 인간으로부터 경제적 관계를 추상화할 수 없을 것이다." 인간은 자신의 경제적 조건에서 벗어나 생각될

---

[14] 반대로 엘륄은 18세기 이래로 적어도 한 세기 동안 기술은 기술 체계 속에 인간 존재를 완전히 통합하는 새로운 인간을 제작하기까지 할 정도로 물질 구조와 사상을 동시 지배했다고 생각한다.

수 없는 존재이다. 그러나 역으로, 우리는 경제 그 자체로 현실성을 갖고 있다는 것을 긍정할 수 없다. 이 점이 마르크스주의적 대목이다. 곧, 모든 긍정affirmation은 자신의 대립을 갖는다. 더욱이 이 부분에서 조레스가 말하는 것은 마르크스가 말했던 것과 별반 다르지 않다.

"**역사**는 기계적인 변증법적 법칙에 따라 전개되지만, 동시에 관념 법칙에 따라 전개되는 활동이기도 하다." 마르크스의 시각에서 보면, **인간**이란 자기 역사를 만드는 존재이다. 또한, 의지에 토대를 둔 어떤 결심에서 나오는 작업, "작품"opus이 중요하다.

결국, **정의**나 동정심에 대한 탐구를 거론할 때, 우리는 그로부터 인간이 살아야만 하는 최소한의 물리적 조건들을 고려하지 않을 것이다. **역사**는 시간의 흐름과 다른 것이다. 그리고 **역사**에는 인간이 부여하는 의미가 필요하다. 그러나 **역사**는 기계적인 동시에 관념적이다. 오직 유물론만 현실적인 것이라고 말할 수 없는 것처럼, 역으로 오직 관념론만 현실적인 것이라 말할 수 없다. 관념들의 힘을 배척함으로 우리는 현실적 생식 능력을 잃고, 덧없는 명상에 이를 위험이 있다. 조레스는 인간적 동정심이 경제사 부정을 지속하는 것을 더는 고려할 수 없게 된 이상, 인간의 친밀감을 포함하는 경제생활의 구체적 현상들을 분석해야 한다고 생각한다. 발전의 필연성과 인간적 중재의 원인이 되는 정의의 가치 가운데 통일성 수립이 핵심 논점으로 부각될 것이다.

이러한 윤리적, 경제적 일치를 긍정한 이상, 그것을 드러내려고 조레스가 사용한 방법들을 설명해야 한다.

1.2.3. 윤리와 경제 사이의 일치를 나타내기 위해 조레스는 '가치들'을 재차 끌어들여야만 했다. 마르크스와 달리, 조레스는 '필연적 발전'과 '정의의 가치' 사이의 관계를 보여주고자 한다.

무엇보다 발전의 필연성과 정의 가치의 일치는 정당하며, 동시에 피할 수 없는 자본주의 폐기 속에서 나타날 것이다. 조레스의 시각에 자본주의는 하나의 악으로 표상되며, 반대로 사회주의는 윤리적 진보로서 출현한다. 자본주의의 속박을 받는 기본 성향들이 인간에 대한 표시 그 자체인데 반해, 실제로 사회주의는 그러한 기본 성향들의 실현에 필요한 수단들을 제시한다. 이러한 성향들은 사회주의에 의해 꽃을 피운다. 결과적으로 사회주의는 훌륭한 체제이다. 이러한 윤리적 진보에 대한 관념은 다음과 같은 조레스의 글에서 나타난다. "사실상 **인간**은 자신의 **정의** 관념과 차츰 모순되는 경제적 형식들을 통하여 실현된다." 인간은 자신이 추구하는 불공정한 경제 체제들을 만든다. 따라서 인간은 **정의**의 의미 속에서 그 체제들을 개선해야 할 의무가 있다. 마찬가지로, 인간은 정의롭지 못한 미래 체제를 위해 현 경제체제를 포기하지 않을 것이다. 따라서 자본주의 이후 도래하는 사회주의는 분명히 더 정의로운 체제이다. 그러나 이러한 방식으로 조레스는 역사 발전 속에 인간 의지를 재차 도입한다. 인간은 다음과 같은 노력을 기울여야만 한다. 곧, "인간 **역사**는 무의식적 힘들의 폭정을 벗어난 인간이 자신의 힘과 의지로 생산 자체를 통제할 때만 시작될 것이다."

    필요에 의해 지배되는 인간, 진보는 이러한 제반 경제적 속박에서 해방되는 데 있다. 인간이 이러한 필연성의 주인이 될 때, 인간은 자유로울 것이며 자신의 역사를 만들 것이다. 더구나 이러한 자유는 물질적일 뿐 아니라 특히 지성적인 것이다. 반대로 인간이 자신의 경제적 필요를 지배하면서부터, 동시에 인간은 세계에 대한 자기 이해에 있었던 인식의 왜곡을 끝낼 수 있을 것이다.

1.3. 마르크스주의와 관념론

조레스의 사상에서 역사나 인간 행동에 대한 엄격한 결정론의 자리는 존재할 수 없다. 인간 역사는 오직 인간이 무의식적 힘들의 폭정에서 도피할 수 있고, 경제 활동 일반을 지배할 수 있을 때 시작될 것이다. 바로 그것이 사회주의일 것이다. 이 부분에서 조레스는 마르크스에 근접해 있다.

조레스는 이러한 경제 지배가 인간에게 충만한 지적 자유를 보장할 수 있으리라 주장한다. 인간의 옛 사상은 결코 자유롭지 않을 것이며, 실현되지도 않을 것이다. 오히려 그것은 경제적 필요에 예속될 것이다. 그러나 조레스는 이제부터즉, 자본주의 사회에서 인간은 사유하기 때문에 행동하고, 자신인간이 사유하는 대로 행동한다고 말함으로 다시de nouveau 마르크스에게서 멀어진다. '행동'이 '사상'을 만든다는 마르크스의 정식과 반대로, 인간의 '사상'이 '행동'을 만든다.

왜냐하면, 조레스가 볼 때, 미래 사회는 자동으로 도래할 수 없을 것이기 때문이다. 이미 그 사회는 정의의 이상 위에 구축된 의지와 행위를 통해 현실 사회 정중앙에 건설 중이다. 혁명적 행동은 필연이며, 따라서 항상 더욱 강력한 노동자 조직이 구축되어야 한다.

마지막으로 조레스는 사회주의 발전의 대적자들은 정의구현에 대립된다고 말한다. 그러므로 그들은 '불의한 자들'이다. 이것은 조레스가 사회주의의 반대자들에 관한 가치판단을 드러내는 것이다. 결단코 그는 마르크스에 대한 총체적 반대로 가치판단을 드러내지 않는다.

1.4. 경제 분석

경제 분석은 잉여 가치, 가치 이론, 프롤레타리아 대비 중산층 발전, 자본주의 사회의 인간 개념 등과 같은 마르크스 사상에 매우 근접해 있다.

이러한 경제 분석에서 다음 두 가지가 특히 중요하다.

1.4.1. 조레스는 경제적 사태들을 어떤 체제가 아닌 현실 속에서 설명한다. 그러나 그 당시 경제적 사태들은 더는 마르크스의 분석을 따른 것이 아니었다. 자본주의는 발전했고, 더는 마르크스가 기술했던 자유주의적 자본주의가 아니었다. 자본주의는 생산을 통제하고, 경제적 위기들을 조정그리고 그것들을 지배하는 날이 올 수도 있는하는 법을 알고 있다. 따라서 우리는 더는 마르크스가 했던 방식으로 자본주의 발전을 평가할 수 없다.

이러한 객관적 사실로부터, 조레스는 다음과 같은 두 가지 결과를 도출한다.

- 스스로 보호하는 법을 깨우친 이 자본주의는 결코 사라지지 않을 것이다. 그러므로 '자동적 자가-파괴'를 생각하지 말고, 체제 외적 개입을 미리 생각해 두어야 한다.
- 그러나 조레스는 이러한 외적 개입의 필요에서 폭력의 필연적 요청을 거론하지 않았다. 실제로 그는 현재보다 발전한 자본주의 및 사회주의를 염두에 두고 있다. 이 지점에서 조레스는 마르크스의 기존 분석에서 한 층 더 멀어지게 된다.

조레스의 시각에, 자본가들은 '자기 방어'용으로 기실 자본주의적인 것보다 사회주의적 성격에 근접한 새로운 경제 형태를 만든다. 따라서 자본가들이 경쟁과 자유 시장체제를 제거하고, 노동 합법화와 카르텔기업 담합 체제 혹은 생산체제 안에서 계획경제를 수용할 때, 그들은 '사회주의적 경제 형태'를 구축하게 될 것이다. 또한, 경제활동으로 만들어진 사회를 통해 얻은 '사적소유 전환'이나 납세 제도에 의한 '국부 공유 현상'이 또 다른 사례로 제시될 수 있을 것이다. 마르크스 시대와 조레스 시대 사이에는 국내 공동체의 사회적 재화 상승과 공동체 사업 사용 목적으로 지출된 국가 경비의 괄목할 만한 상승이 있었다. 실제로 자본가 계급의 수입들로 세금의 주요 부분을 충당했다. 물론 그 목적은 이러한 방식으로 징수된 세금을 공동체 전체에 재분배하려는 것이었다.

1.4.2. 계획 자본주의

조레스가 드러낸 다양한 요소들은 그가 "계획된" 것이라 칭하는 형태의 자본주의를 구성한다.

이러한 조직화된 자본주의는 사회주의의 여러 목적에 반하는 것이 아니다. 곧 새로운 자본주의에 대해, 궁극적 사회주의 체제는 점진적 혁신을 이룰 것이다. 이러한 사회주의 체제는 사실상 자본주의 체제 안에 이미 존재하고 있는 요소들을 상속하는 것에 지나지 않을 것이다. 이 부분에서 우리는 조레스가 마르크스 사상에 전적 충성을 유지하고 있음을 주목해야 한다. 그러므로 두 체제 사이에 다음과 같은 차이가 있을 것이다. 곧, 사회주의 사회에서 노동자에 의해 공급된 모든 노동량은 노동자에게 되돌아가는 반면, 자본주의 사회에서는 일부분만 노동자에게 남을뿐이다.

하지만, 바로 이러한 차이가 근본적인 것이다. 왜냐하면, 우리가 노동자에게 그의 노동량 전체를 되돌려준다고 주장하는 것은 인간관계의 급진적 변혁을 전제하고 있기 때문이다. 그 문제는 더는 생산 문제가 아닐 것이며, 오히려 생산품 분배 문제일 것이다. 이 점에 있어도 앞서 우리가 일례로 '세금의 작동방식'을 통해 본 것처럼, 현 시점에서 새로운 분배를 준비하고 있는 것은 바로 자본주의 자신이다.

1.5. 자본주의에서 사회주의로의 발전, 정치와 계급투쟁

1.5.1. 국가

조레스는 국가관에서 마르크스 사상과 현격한 차이를 보인다. 실제로 조레스에게 국가란 두 계급을 돕는 기능을 하고 있다. 국가는 부르주아, 자본가, 착취 계급과 연관된 계급을 표명하지 않는다. 오히려 국가는 경제 노동을 보다 효율성 있게 만들어야 하는 역할을 맡는다. 부르주아 계급이 보다 효율적인 경제적 역할을 하게 하려면, 국가는 부르주아 계급의 공적 역량을 사회적 봉사에 둘 수 있도록 해야 한다. 또 다른 한 편으로, 프롤레타리아 계급과 관련하여 민주주의 국가는 표현의 장 및 자유로운 활동을 이들에게 개방해야 한다. 그것은 프롤레타리아 운동의 힘과 규모에 정비례해서 이루어져야 한다.

따라서 국가는 부르주아 계급뿐 아니라 프롤레타리아 계급과 관계된 것도 충족시키는 긍정적 역할을 맡고 있다. 더욱이 프롤레타리아 다수의 성장을 통해 압력을 가하는 상황에서, 민주주의 국가는 자본가들의 관심에 역행하는 사회적 척도 및 결정들을 취해야만 할 것이다. 그러므로 우리는 국가를 통해 사회-경제적 발전을 도출할 수 있을 것이다. 곧, 국가는 엄격하게 정치적 기능들을 희생시켜 차츰 사회, 경제적 문제들을 담당하게 될 것이다. 그래서 국가는 '사회주의화' 하는 것이다. 결국, 혁명은 엄밀히 정치적 행동들을 통해 실행되어야 한다. 하기에 혁명 수행은 반反국가적 수행이 아닌, 국가에 의한 수행이어야 한다.

1.5.2. 계급투쟁

만일 국가가 더는 경제 발전 요인이 아니라면, 분명히 투쟁의 의미는 바뀔 것이다. 두 계급은 그들의 관심사가 집단적 관심과 혼재된다는 것을 파악할 것이다. 그래서 이러한 생산발전을 두 계급이 공통으로 짊어질 필요가 있을 것이며, 계급투쟁의 경우 이러한 공통 담당은 불가능할 것이다. 사실상 조레스는 투쟁 자체를 없애지 않고 투쟁의 본성을 바꾼다. 또한, 자신의 분석 속에서 이러한 투쟁의 전개를 구체화한다.

한 편으로, 생산 강화는 자본주의 체제를 점진적으로 사회주의 구조로 견인해 간다. 또한, 이러한 변화는 평화적이고, 자연스러운 방식으로 이루어진다. 계급투쟁도 폭력적이지 않다. 자본주의 발전은 모든 극단적 행동을 무용지물로 만든다. 투쟁은 의견, 교리, 이데올로기 투쟁이 되어야 한다. 이러한 사실로부터, 투쟁은 민주주의적 구조 속에 자리 잡을 수 있다. 따라서 노동자 계급이 "민주주의적 역할"로 모인 정당을 매개로 표현되는 것은 정상적인 일이다.

다른 한 편, 조레스 사상의 논리는 조합주의에 대한 일말의 반발심을 갖게 한다. 이 점에서 그는 마르크스와 레닌과 재결합하지만, 그들과 똑같은 이유로 재결합하는 것은 아니다. 즉 조레스에 의하면, 생산을 폭력적 계급투쟁을 감수해야 할 것이나 사회주의 사회는 비참함이 아닌 번영 속에서 시작해야 한다. 더불어 "모든 것을 파괴하지" 말아야 한다. 가령 조레스는 생산성을 감소시키고 실제 사회주의 도래를 지연하는 투쟁에 적대적이다. 그에게 사회주의 노동자 운동은 합법적 행동이어야 한다. 경제적 지평에서 두 계급은 협력해야 한다. 왜냐하면, 그들은 생산이라는 공통의 목적이 있기 때문이다.

모든 경제 발전의 의무는 지속적이지만 민주주의적 틀 안에 있는 계급투쟁의 약화를 이끌어내는 것에 있다. 이는 여러 의견 간의 투쟁이다. 그러므로 노동자들은 무수한 지지자들, 대표들과 더불어 노동자 정당을 구성해야 한다. 또한, 그 정당이 다수를 점하게 된다면, 사회주의 사회로 가는 법에 투표하게 될 것이다.

마지막으로 민주주의가 수용되었고 현실이기 때문에, 우리는 노동자들에 대한 권리에 점차 접근해야 한다. 그리고 폭력 혁명은 정당화되지 않는다. 어떠한 위기 없이 사회주의로의 이행은 실현될 것이다. 조레스는 다음과 같이 말한다. "나는 **민주주의**에 의해 정초定礎된 **진보**의 힘을 믿는다." 이와 마찬가지로, 조레스는 계급투쟁 과정에서 일어났던 상호작용을 강조한다. 계급투쟁은 더는 민중과 부르주아 계급 사이에서 전개되지 않고, 프롤레타리아와 자본 사이에서 전개된다. 이처럼 "이자와 영혼" 사이에서 투쟁 관념이 태어났다.

1.5.3. 혁명 양태들

사실상 조레스에게 혁명이란 폭력 없는 혁명, "**정의와 선의 혁명**"을 뜻한다. 이처럼 조레스는 혁명 운동을 통해 프롤레타리아 집단이 주도하는 것을 포함, 모든 형태의 폭력적 소요 사태를 인정하지 않는다. 유일한 문제는 사회주의와 혼선을 빚는 "정의"의 가치에 관해 프롤레타리아가 자각하게 하는 것이다. 따라서 이러한 의식을 취하게 될 때, 사회주의는 필연적으로 진보할 것이다. 그러므로 모든 문제에는 사회주의와 **정의** 가운데 있는 동일성을 다수에게 수용하게 하는 일이 포함되어 있다. 이것이 바로 민주주의를 활용해야 하는 보다 큰 이유이다.

이러한 민주주의는 생산 발전과 자본주의의 새로운 형태에 의해서만 만들어지는 사회주의 체제에 대한 다수의 지지 속에서만 이루어진다. 덧붙여 조레스는 당장 우리가 사회에 사회주의 요소들을 도입할 수 있으며, 미래 사회의 요소들을 현실 사회에 들어가게 할 수 있다고 평가한다.

무엇보다 자본주의는 사회주의에 봉사할 수 있는 제도들을 설치해 놓았다. 이는 이러한 제도들을 올바로 사용할 수 있는 소수의 인간들이 존재하고 있기 때문이다. 더욱이 도래하는 사회주의 사회는 이미 현실 사회 속에 표상되었다. 그 표상은 도래하는 사회주의 사회의 가치들을 견지하는 인간들에 의해 이데올로기적 관점에서 이루어졌다.

1.5.4. 사회주의 사회 설명

우리는 마르크스가 결코 사회주의 사회를 설명하지 않았음을 알고 있다. 반면, 조레스는 사회주의 사회에 관한 중요한 점들을 규정하고자 한다.

사회주의 사회란 인간이 그 사회 내에서 자신의 충만함과 삶에 대한 전적 일치를 발견하게 될 사회이다. 거기에는 더는 인간에 의한 인간 착취가 존재하지 않을 것이다. 더욱이 단 하나의 계급으로 온 계급이 뒤섞이고, 하나의 도덕 질서가 설립되는 방향으로 전개됨에 따라 계급투쟁은 사라지게 될 것이다.

사회주의 사회에서 가족은 더욱 견실해지고 세련될 것이다. 더는 가족은 관심의 연대를 기반으로 하지 않을 것이다. 마찬가지로, 조레스는 경제적 관점에서 평등한 사회주의 사회는 더는 도시 집중 현상을 끌어내지 않으리라 생각했다. 실제로 조레스의 평가에 의하면, 이러한 도시 집중 현상의 발생 이유는 오로지 회사 주변에 수많은 인력을 배치해야 하는 부르주아의 필요욕구 때문이다.

부르주아 계급 전유물이었던 문화는 만인을 위한 것이 되어야 한다.

마지막으로 조국에 대한 인간의 도덕적 가치가 바뀔 것이다. 사회주의자임에도 불구하고, 조레스는 조국에 대한 관념에 사로잡혀 있다. 그는 민족주의에 대해 적대적이지만, 동시에 애국심 결여에 대해서도 적대적이다. 그는 조국을 인간 생의 중요 요소 가운데 하나라고 여긴다. 그러나 자본주의, 부르주아 체제에서 조국은 민족성/국적 nationalité으로 왜곡되었다. 그것은 경제 경쟁으로 인하여 공격적으로 변한다. 위 체제가 더는 이러한 경쟁을 할 필요가 없게 되는 순간, 국가는 더는 적대적이고 공격적이 될 이유가 없게 된다. 사회주의 사회가 승자가 된다면, 각국은 하나의 자유로운 연방을 형성할 것이다.

그러나 사회 혁명이 단 하나의 국가에서만 성공할 가능성도 있다. 그러므로 다른 국가들은 혁명을 제거하려 들 것이고, 우리는 혁명을 옹호해야 할 것이다.

그러나 전쟁, 심지어 정당전쟁까지도 자본주의 붕괴를 이끌어낼 것이라 생각하지 말아야 한다. 오히려 그것은 반혁명과 독재가 될 위험이 있는 결과로 이어질 수 있다는 것을 알아야 한다.

이러한 예상 혹은 예측은 특별히 20세기 초반에 일부분 타당성 있게 드러났다.

그리고 바로 이러한 이유로 조레스는 평화주의자였다.

2. 조르주 소렐[15]

소렐의 마르크스주의 사상은 '아나코-조합주의' anarcho-syndicalisme [16]에

---

[15] 조르주 소렐Georges Sorel (1847-1922)은 공공사업부의 기사장이었다. 그의 정치 여정은 굴곡이 심했고, 황당한 부분도 다소 있었다. 소렐은 아나코-조합주의 이론가 중 하나로 알려져 있다. 소렐의 사상 형성에 영향을 준 인물은 마르크스뿐 아니라, 프루동, 니체, 베르그송에까지 이른다. 소렐은 모라Maurras의 악시옹 프랑세즈Action française시기(1909-1913)[역주: '악시옹 프랑세즈' 혹은 '프랑스 행동'은 20세기 초반 프랑스 우익 정치 활동 단체]와 연관되어 있으며, 후일 무솔리니 파시즘에 영감을 준 인물이기도 했다. 반면 소렐은 루카치와 같은 마르크스주의 철학자에게도 영감을 주었다. 생애 말년에 소렐은 러시아 혁명(볼셰비키 혁명)과 레닌에 대한 지지를 선언했다.

[16] [역주] '아나키즘' 혹은 '아나키'나 '아나코' 등의 원어가 되는 그리스어는 αναρχία 혹은 αν-αρχή이다. 문자대로 하면, '아르케-아님' 혹은 '아르케-없음'을 뜻한다. 만물의 근원을 탐구해 들어갔던 고대 그리스 철학자들의 주요 물음이 '아르케'(근원)에 대한 물음이었다면, 반대로 '아르케-없음'이나 '아르케-아님'은 근본이 되는 것(많은 경우 지배적이고 억압적 기능으로 변질되어 나타나는 것)에 대한 물음에 저항하거나 반항한다는 의미가 함축되어 있다. 또한, 아나키즘 운동에는 단순히 제도 정부나 국가를 부정하는 목소리만 존재하는 것이 아니다. 정치, 경제, 사회, 문화, 제도, 종교, 성, 인종, 교육, 학벌 등의 각종 사회 구성 요소들을 통해 발생할 수 있는 억압과 지배에 대한 주체들의 저항과 연대가 더 근본적 방향이라고 말할 수 있을 것이다. 따라서 '무정부주의'라는 용어는 현실 아나키즘 운동의 다양성과 다산성을 축소시킬 수 있다는 점이 고려되어야 하며, 아나키즘 운동을 단순히 정부를 부정하는 하나의 이상주의 운동으로 오해할 수 있는 점, 현실 억압에 대해 치열하고 다양한 투쟁 양상을 전혀 고려하지 못할 위험이 있다는 점을 상기하여 역자는 통상 '무정부주의'로 번역되는 이 용어를 '아나키즘' 그대로 사용하고자 한다. 마찬가지로 '무정부

영향을 받는다. 그러나 그는 전적으로 마르크스에 충실하고자 했으며, 특히 역사 해석과 계급투쟁 문제에 대해 마르크스주의적 방법론을 엄격하게 적용하고자 한다.

조레스에게 있어 마르크스주의 사상의 본질 요소는 '자본주의 내부의 경제 발전'이다. 반면 소렐에게는 마르크스 사상의 중심 요소를 이루는 '**계급투쟁과 폭력투쟁**'이다.

1905-1920년 시기에 이루어진 자신의 분석을 적용하며, 소렐은 마르크스의 결론에 대한 다양한 결론에 이르게 된다.

2.1. 역사문제

역사의 정체와 우리가 마르크스에게서 확인하는 진보의 필연성에 대한 학습을 위해, 소렐은 마르크스주의 이념으로부터 출발한다. 마르크스주의 이념에 의하면, 한 시대나 한 사회의 지배 이념들은 결코 지배 계급의 이념들이 아니다. 더불어 소렐은 마르크스가 이러한 이념들의 전염을 피할 수 있는지 자문한다.

그러므로 소렐은 마르크스 사상 속에서 무엇이 지배 계급 이념인지 이해할 목적으로, 즉 자본주의 부르주아 계급 이념이 무엇인지 이해하고 이와 연결되는 역사 운동을 이해할 목적으로, 일련의 역사적 탐구를 수행해야 할 필요가 있었다. 실제로, 이러한 역사 운동을 인식하려면 경제 구조 발전에 대한 분석만으로 충분하지 않으며, 이데올로기 구조 역시 학습해야 한다. 그러나 이런 견지에서, 마르크스는 자기 사상 비판을 진척시키는 데 있어, 사회와 강하게 연계되어 있었다.

주의적'이라고 번역될 수 있을 프랑스어 '아나코' 역시도 그대로 사용한다는 점을 밝혀둔다.

2.1.1. 소렐은 과거의 이데올로기에 관심이 없다. 그가 분석하고자 하는 것은 19세기 이데올로기, 그 가운데서도 '중심 이념' l'idée centrale과 '진보 이념' l'idée de progrès이다. 소렐의 시각에, 마르크스주의 역사가는 진보 이념이 경제적 조건들에 의존하고 있는 정도, 즉 진보 이념이 얼마나 경제적 조건들에 의존하고 있는가를 연구해야 한다. 더욱이 마르크스의 방법론을 그의 사상과 밀착시켜야 한다. 소렐은 마르크스가 당대 어떤 인물이었는지를 이해하는 조건에서만 마르크스주의를 주장할 수 있다고 판단한다. 그럼에도 '진보' 이념이 역사에 관한 마르크스의 모든 기록을 지배한다.

구체적으로 말해 이러한 진보 이념은 부르주아 계급의 산물이다. 『진보에 대한 환상』에서 소렐은 이 신화의 뿌리들이 무엇인지 제시한다. **경제적 진보**가 있었으며, 부르주아 계급은 그것을 인정하고 연장한다. 그것은 18세기 이후 **과학의 발전과 다윈 진화론**에 이르기까지 똑같은 모습을 보인다. 또한, 인간 수명 연장을 가능하게 했던 발명품들과 더불어 **"생물학적" 진보**가 있었다. 1830년경 한층 더 이데올로기적 단계에 올라가 있는 역사가들의 출현에 따라 특히 토크빌, 시장 이론은 **평등을 지향**하는 역사적 필연이었다. 마지막으로 19세기 후반, 성장하는 **도덕화** moralisation를 **지향**하는 역사 행보 속에 하나의 '믿음'이 발생한다.

서로 연결된 이 5가지 요소들이 영구 진보에 대한 확신을 만들었다.

그것은 부르주아 계급 전체가 진보를 믿었다는 것을 설명해주는 지적, 물리적 토대이다. 역사의 의미에 대한 관념은 마르크스 이전에도 발견되며, 부르주아 계급의 특징으로 나타난다. 또한, 마르크스가 **역사**에 대한 자신의 교리에 치중할 때, 그는 전적으로 당대 부르주아적 이데올로기에 동조하고 있는 것이다.

2.1.2. 이러한 분석은 소렐에게 진보가 없다는 것을 의미하지 않는다. 18세기에서 19세기에 있었던 명백한 발전을 확인해야 하며, 비록 자본가 계급에 집중되어 있지만 사회적 풍요 현상을 잘 확인할 필요가 있다. 또한, 자본주의가 발전할수록, 사회주의 혁명 실현의 필요 조건들과 더욱 면밀히 연결된다. 그러나 마르크스는 일차적으로 생산 기술에 이미 존재하는 것에서 나타나는 여러 진보적 현상들에서 출발하여, 인류의 진보를 전 영역 속에서 추리하며 일반화한다. 이것은 전형적인 '부르주아 시각'이다.

반대로 소렐은 인간적, 도덕적 제반 문제에 대한 해법이 경제 발전 속에 있다 결론지을 수 없다고 본다. 진보가 사회 구조들이 아닌 인간 안에 새겨질 때 참된 진보가 도래할 것이다. 그러나 현재까지도 우리는 인간 속에서 진보를 구별해 낼 수 없다. 또한, 사회주의 혁명의 성공조차도 정의의 승리나 제반 모순에 대한 해법에 필연적인 것은 아니다.

2.2. 경제적 지배

이 부분에는 상대적으로 약간의 불일치가 있으나 세 가지 주요 지점에서 소렐은 마르크스 사상과 분리된다.

2.2.1. 소렐은 필연적이고 불가역적인 자본주의 발전으로 결론 내린 마르크스의 설명에 만족하지 않고, 자본주의가 훨씬 복잡하게 구성되어 있음을 보이고자 한다.

마르크스는 자본주의에 세 단계가 존재한다고 보았다. 고리대 자본주의, 상업 자본주의, 산업 자본주의가 그것이다. 이것의 규정은 연속적이며, 각 단계는 다음 단계를 낳는다. 소렐에게 역사는 이러한 방식으로 설명될 수 없다. 실제로 1900년대 자본주의를 설명할 때, 우리는 고리대,

상업, 산업이라는 세 형태가 서로 연결되어 있는 독특한 국면에서 자본주의와 마주치게 된다. 이로 보아 우리가 연속에 대해 언급할 수 없다면, 자본주의 발전의 자동 법칙도 존재하지 않을 것이다. 따라서 우리는 자본주의에서 사회주의로의 이행이 필연적일지 확신할 수 없게 된다.

사회주의를 지향하는 시장은 마르크스가 생각했던 것보다 더 복잡한 과정이다. 또한, 반드시 시장이 사회주의를 지향하는 것도 아니다. 마찬가지로 소렐은 '자본주의적 집중'이 이익 증가를 견인할 것이며 전반적으로 무산계급화를 촉진시킬 것이라는 마르크스의 법칙을 부정한다. 반대로 소렐의 시각에, 자본주의적 집중은 이와 연루된 자본에 대비해 이익이 감소하는 결과를 낳을뿐이다.

2.2.2. 소렐은 마르크스주의 방식 일반에 바탕을 둠과 동시에 매우 진중한 방식으로 마르크스 사상을 비판한다.

소렐의 시각에, 마르크스는 경제 분석에 있어 결코 완전한 객관성을 갖추지 않았다. 또한, 그는 자신의 모든 이론을 헤겔 변증법에 종속된 희생양으로 삼지 않았다. 역사가 분명하고 이해 가능한 방식으로 전개된다고 믿는 마르크스는 낭만주의자이다. 마르크스는 역사 운동을 합리적 방식으로 제시하고 있으나, 그가 말하는 역사는 지속적으로 역사가 진보하도록 하는 헤겔의 '세계정신' Weltgeist이라는 신비적 힘의 영향 아래에서 발전한 것이다. 말하자면, 이 '세계정신'이 변증법을 통해 물질의 현실화를 가져온다고 할 수 있다.

이와 같이, 헤겔에게는 자연과 관념론에 속한 변증법 사이에 일치가 존재한다.

2.2.3. 그럼에도 마르크스에게 있어 이것은 용인될 수 없는 것이다. 왜

냐하면, 마르크스는 자신의 주장에 따라 행동할 목적으로 '경험의 토양 le terrain de l'expérience을 포기하기 때문이다. 따라서 그는 사건들에 대한 관점을 상실하며, 자신이 옳다고 인정하는 것들만 지키고 있을뿐이다. 사회-경제적 작동방식은 더는 독립적이지 않으며, 역사적 힘의 '동인'動因일뿐이다.

소렐은 1880년에서 1920년의 경제 활동 가운데 더는 마르크스의 범주들이 적용 가능하지 않은 수많은 새 요소들이 출현했음을 제시한다. 따라서 자본주의의 퇴폐는 매우 빠르게 진행되어야 했으나, 그와 반대로 우리는 자본주의가 강화되는 현상을 목도하고 있다.

그러므로 계급투쟁을 다시 생각하고 폭력 개념을 도입해야 한다.

2.3. 계급투쟁과 폭력

소렐의 비판과 이데올로기 분석, 경제적 구조 발전 분석을 통해 우리는 사회주의가 더는 진보나 자본주의의 자발적 운동으로부터 전개되리라는 희망을 가질 수 없다. 사회주의는 역사 운동이 아닌 자발적 형태의 활동, 계급투쟁, 혁명적 활동에 의해서만 이룩할 수 있을 것이다.

2.3.1. 이러한 생각은 반反마르크스주의적이지 않으며, 레닌은 러시아 혁명과 더불어 해당 사례를 제시했다. 레닌은 혁명적 방법을 통해 결국, 사회주의에 이른다. 이러한 부분에서 소렐은 마르크스와 레닌에 전적으로 동의한다. 그러나 소렐은 1917년의 사건들 속에서 **혁명** 내부에 전적으로 강경한 태도가 있어야 한다는 또 다른 교훈을 도출해 낸다. **혁명** 속에서는 현존하는 집단과 집단 사이에 어떤 화해 가능성도 없으며, 민주주의적 틀 내에서 우리는 투쟁 방식으로 결단코 **혁명**에 이를 수 없다.

소렐은 노동자 계급 내 혁명 역량의 자발성을 믿는다. 그는 지식인과 지도자들에 의한 노동자 계급 선도가 필요하다고 생각하지 않는다. 노동자 계급은 그 자체로 혁명적이다. 즉, 프롤레타리아는 자신들의 정신적, 지적 조건에 상관없이 혁명적이다. 그러므로 확실한 계급투쟁 가능성이 존재한다.

그러나 소렐이 지적하는 이 부분은 본질적인 부분이다. 왜냐하면, 소렐이 볼 때, 마르크스의 발견은 '혁명계급' classe révolutionnaire 이념에서 '혁명운동' mouvement révolutionnaire 이념으로의 대체 작업이었기 때문이다. 마르크스 이전에 혁명은 소수가 선도하여 일으키는 사건이며, 이후 민중에게 연결되는 운동이라고 여겨졌다. 그것은 블랑키[17]의 공식이었다. 그러나 블랑키의 공식은 사회주의 혁명 이념과 일치하지 않는다. 반대로 마르크스는 혁명이란 계급의 사건일 것이라 생각했다. 또한, 실제 충돌은 순응 집단에 맞서는 이상적 소수자의 것이 아닌 혁명적 상황 속에 있는 한 계급과 보수주의의 필연적 상황 속에 있는 한 계급 사이에 있을 것이라 보았다. 바로 이 점이 마르크스의 중심 사상이다.

마르크스 이전에 혁명은 언제나 행동을 통해 운동을 더욱 확장시키는 혁명가들의 손아귀에 있는 사건으로 여겨졌다.

소렐은 이러한 점들에서 마르크스의 분석과 재결합한다. 게다가, 그는 계급은 다음과 같은 두 가지 조건에서만 존재한다고 평가한다.

– 혁명 계급은 '자기 자신'과 '자기 역할'에 대한 의식을 가져야 한다.

---

[17] [역주] 루이-오귀스트 블랑키Louis-Auguste Blanqui (1805-1881)는 마르크스와 레닌에게도 영향을 미친 프랑스 사회주의자이다. 1827년 부르봉 왕가를 반대하는 학생운동을 계기로 사회-정치 투쟁에 투신해 왔다. 특별히 계급투쟁과 비밀결사를 중요하게 생각했으며, 조직화된 비밀결사로 구성된 인민 봉기의 중요성을 역설했다. 급진주의적 입장을 고수했고, 훈련된 소수자 중심으로 한 독재정부 구성으로 사회주의 혁명이 완수될 수 있다고 생각했다. 그의 급진적인 사상으로 인해 생의 33년을 감옥에서 지냈다.

이러한 시각에서, 모든 지적 교육 작업이 존재하는 것이다. 이러한 지적 교육 작업은 프롤레타리아 자신이 [현재] 존재한다는 것에 대한 '의식 생성'을 그 목적으로 한다. 이데올로기적으로 해결된 이 문제는 제도적 문제로 남게 된다.

— 사실상 계급은 계급의 여러 기관기구 organes 형성에 이를 경우에만 존재한다. 그러므로 노동자 계급이 혁명적 형태를 가진 고유 기관 구성에 조력하는 일이 중요하다. 이 점에서 소렐은 정당이 본질 기구라고 생각한 레닌과 구분된다. 소렐은 부르주아 산물인 정당은 분명히 노동자 계급에 대한 기만이라고 평가한다. 그것은 '이중 기만'이다. 즉, 정당은 소수자로 구성되어 있을뿐이며, 그 본성상 국가 보전을 원하기 때문이다. 만일 우리가 계급투쟁 단계에 있다면, 혁명적 프롤레타리아는 부르주아 국가의 타도를 그 목적으로 갖게 될 것이다. 그러나 만일 우리가 하나의 정당을 만든다면, 그 정당은 틀림없이 국가적 틀과 정치 제도 내부에서만 활동할 것이다. 또한, 지도 당원들은 정치인들과 달리 여겨질 수 없을 것이며, 그들의 목적도 타 지도자들을 대체하는 데 있을 것이다.

소렐의 시각에, 다른 한 계급에 의해 혹은 그 계급을 위해 고안된 제도들을 혁명 기획에 맞추는 일은 불가능하다. 혁명 계급은 부르주아 계급의 산물인 정당 속에서 설명할 수 없다. 이처럼 레닌은 계급투쟁이 존재해야 했다는 점을 제시했으나, 노동자 계급 조직의 주동자에 관해서는 오해했다.

결국 문제는 프롤레타리아 독재이다. 이에 대해 마르크스는 부수적으로 말했으나, 소렐에 따르면 마르크스는 조합을 몰랐기 때문에 이 자발적 노동자 조직을 무시하면서 정당 조직 형태를 선호하는 입장을 보였다. 그러므로 논리적 이유가 아닌 역사적 이유가 중요한 것이다.

자본주의 내부 변혁에 대한 희망이 없는 계급투쟁이 쟁점이 되는 한, 혁명 전개를 위한 이 투쟁은 폭력적이어야 한다.

2.3.2. 폭력

소렐에게 있어 폭력은 삼중 역할을 한다.

무엇보다 그것은 새로운 도덕정신[18]에서 구성되는 것이다. 실제로 소렐에게 있어 혁명은 하나의 총체적 현상이다. 몇몇 경제 형태들을 바꾸는 것으로는 불충분하며, 부르주아 사회를 구성하고 있는 모든 것과 단절해야 한다. 따라서 혁명으로부터 나타나는 변혁은 도덕적이며 지성적이어야 한다.

부르주아 계급의 도덕은 기독교에서 연원하며, 부르주아 계급은 온화함, 정직, 신용 등에 기초한 "생산자의 도덕"을 제정했다. 프롤레타리아 계급은 제도들과 이데올로기들을 산산조각 내야하며, 폭력을 바탕으로 한 프롤레타리아식의 도덕을 세워야 한다. 사르트르의 "진실성"authenticité

부르주아 계급이 인정하지 않는 유일한 가치는 '폭력'이다. 프롤레타리아가 채택할 수 있는 유일한 윤리적 가치는 부르주아 모델과 다른 윤리적 모델을 구축하게 하는 '폭력'이다.

폭력은 계급투쟁을 필연적으로 만들어주고 동시에 이 투쟁을 강화한다. 실제로 소렐은 마르크스가 기술했던 것처럼 점점 더 악화되고 있는 부르주아 계급의 지속적 퇴보를 확인한다. 그러나 이러한 퇴보를 기뻐하

---

[18] [역주] '도덕' 혹은 '도덕적'이라고 번역하는 용어의 프랑스어는 'morale'이다. 이 용어가 의미하는 바는 일차적으로 '삶이나 사회를 바라보는 정신적 태도'이다. 그에 반해 '도덕(道德)' - 특별히 동아시아 전통에서 사용하고 있는 도덕 - 은 '인간이 지켜야 하는 도리 혹은 바람직한 태도'와 연결되어 있다. 역자는 이러한 의미상의 간극을 고려하여 음역어인 '모랄'로 쓰려했으나, 오히려 번역에 매끄러움을 해치고 있다고 여겨 기존 번역어인 '도덕'을 선택했다. 독자들은 이 점에 유의해 주기 바란다.

고만 있을 일은 아니다. 왜냐하면, 계급투쟁을 본질적 요소로 취한다면, 투쟁을 위한 '대적자'가 있어야 하기 때문이다. 폭력은 우리가 부르주아의 적 그 자체라는 점을 함축하고 있으며, 특별히 폭력이 함축하는 바는 우리의 공격성 상실 여부이다. 부르주아들이 개방적일수록, 자신들의 역할에 대한 의식을 갖고 있는 프롤레타리아들은 더욱 폭력적이어야 한다. 프롤레타리아들은 부르주아들이 투쟁 대상자로 머물러 있게 해야 하며, "자신들의 역사적 역할"을 하도록 해야 한다. 단언하면 계급투쟁에 폭력을 복원시켜야 한다.

마지막으로 폭력은 모든 부르주아적 장치를 파괴하는 유일한 가능성이자 사회주의로 가는 유일한 길이다. 사회주의는 오직 폭력만이 할 수 있는 사회의 총체적 전복을 요구한다. 국가의 총체적 파괴는 이렇게 폭력으로 이루어질 수 있고, 평화주의에 대한 전적 거부 속에서 모든 권위주의 형태의 총체적 파괴가 이루어질 수 있다.

사실상 마르크스주의를 기만할 수 있는 온갖 화해를 거부해야 한다. 프랑스에서 소렐의 첫 번째 적수는 바로 '조레스'이다.

2.3.3. 예비 작업 : 프롤레타리아 조직화

프롤레타리아는 권력을 잡아야 한다. 그러나 권력 쟁취 역량이 프롤레타리아 계급 자신에게서 나오는 것은 아니다. 프롤레타리아에게는 '혁명 교육' formation révolutionnaire과 '인민 지도' instruction populaire가 필요하다. 더불어 프롤레타리아 조직을 완벽하게 구성해야 한다. 왜냐하면, 주목적은 자본주의 사회 속에서 발전될 혁명 조직들, 부르주아 제도들이 와해되었을 시 그것을 대체해야 할 혁명 조직들을 만들어내는 것이기 때문이다.

소렐은 저항 구조들을 발전시켜야 한다고 생각한다. 이 저항 구조들은 부르주아 계급이 세운 사회 속에서 인식되지 않는 제도들이 될 것이다. 프롤레타리아는 새로운 행동 형태를 고안해야만 한다. 바로 '파업'이다.

2.3.4. 파업

소렐은 총파업과 혁명 사이에 완벽한 동일성 관계를 만든다. 파업은 프롤레타리아 행동의 유일하고 특수한 형태이다. 혁명은 누구라도 프롤레타리아 행동을 하나로 만들어줄 수 있다. 파업은 프롤레타리아 투쟁의 표시이다.

파업에는 두 가지 형태가 있다.

- 선정된 지회 내 사전 파업, 국지적 파업 혹은 돌발 파업. 소렐은 최후 투쟁에 앞서 프롤레타리아는 지회에서 "군사 훈련"을 해야 한다고 생각한다.
- 부르주아 사회를 붕괴시킬 총체적이고 최종적 파업.

노동자 계급에서 '**총파업 신화**'를 발전시켜야 한다. 파업은 다른 모든 행동 형태와 대립한다. 반면, 의회 사회주의는 제반 상황, 교리들을 복잡하게 만든다. 총파업이 사태들을 단순하게 만든다.

소렐은 마르크스의 주제들과 총파업 이념 사이의 근본적 동일성을 주장한다. 여러 근거를 통해 소렐은 자신의 주장을 뒷받침한다.

무엇보다 총파업은 계급투쟁의 총체적 표현이다. 갈등은 전체 지평에서 일어날 필요가 있다. 더불어 우리는 정치 갈등의 성격을 갖고 있는 소소한 활동 사이에서 나타나는 투쟁들을 넘어서야 한다.

또한 프롤레타리아는 총파업 속에서 조직되고 훈련된다. 총파업 투쟁에서 프롤레타리아는 부분 파업들을 통해 그 틀을 형성한다. 이것은 자본주의 사회에서 혁명은 필연적이라고 주장했던 마르크스 사상들 가운데 하나였다. 그것이 가능한 이유는 프롤레타리아가 공장 내부에 조직되어 있기 때문이다. 따라서 마르크스는 노동자를 농민에 대립시켰다. 소렐의 시각에, 장시간 준비된 파업으로 이룩한 공장 프롤레타리아 조직화는 혁명 전개를 향해 결집 가능해야 한다.

셋째로, 파업 개념의 기본적 역할은 혁명적 공격에 도달해야 하는 사회의 어느 지점, 곧 탄착점과 연관된다. 혁명은 반드시 정치적이며, 반反국가적으로 실행되는 것이다. 그러나 마르크스 사상에서 정치는 상부구조이다. 그러므로 엄밀한 의미에서 혁명이 정치적이고 단지 정치 비판에 국한되는 일이라면, 혁명은 사회의 표면을 파괴하는 일에 지나지 않을 것이다. 이와 반대로 우리가 마르크스의 분석에 주목한다면, 근본적 현실이란 '경제'이다. 따라서 경제 체제에 대한 공격에 이르러야 한다. 그러나 분명히 말해, 총파업은 경제적 단계를 비판하고 부르주아 경제 활동을 마비시키고자 한다는 점에서 혁명과 다르다.

이러한 분석으로 보아, 파업은 계급투쟁의 궁극적 표현이며, 조직화된 혁명과 참된 경제 혁명의 토대이다. 더욱이 소렐은 '혁명은 불가역적인 것'이라고 주장한다. 우리가 단지 정치 지평에서 국가를 공격한다면, "불가역적이고 필연적인 변혁"transformation irréversible et irréformable에 이를 수 없을 것이다. 정치적 성격을 가진 혁명이 과거 형식으로 회귀하는 것은 불가능한 일이 아니다. 왜냐하면, 우리가 자본주의 생산양식 일체를 제거하지 않았기 때문이다. 반대로 파업은 총체적 파괴를 가능하게 하며, 결정적 변혁을 이룬다. 파업은 국가 기구들 내부의 단순 변혁이나 개인의 정치적 변화보다 더 나은 것이다. 사회 구조의 총체적 파괴는 경제에 의해서만 실행될 수 있다.

그러므로 소렐은 레닌이 갖고 있는 '프롤레타리아 독재'와 '국가 몰락'이라는 두 가지 생각을 비판한다. 소렐은 마르크스가 드물게 거론했던 프롤레타리아 독재를 '해로운 것'으로 간주한다. 그 이유는 프롤레타리아 독재는 결코 프롤레타리아의 참된 의지를 나타내지 못할 것이기 때문이다. 자발성을 갖출 수 있는 것은 오직 '총파업' 뿐이다. 다른 한 편으로, 프롤레타리아 독재 정부는 지속적 폭력 사용을 제한할 것이며, [결과적으로] 혁명의 확산을 방해할 것이다. 마지막으로 프롤레타리아 독재는 국가 제도적 틀에서 실행될 것이고, 인민은 다소간 부르주아 체계 속에 머물게 될 것이다. 이러한 조건들 속에서는 국가 소멸을 견인해 낼 발전의 개연성이 희박하다. 그럼에도 불구하고, 프롤레타리아의 근본적 열망을 현실과 동떨어져 있고 가설적인 미래 세계에 돌려놓지 말아야 하며 그들의 반항에 대해 직접적으로 응답해야 한다.

2장. 모순들 때문에 발전한 마르크스주의

마르크스주의는 사상 계승자들이 기여한 부분에 따라 단순한 철학적 교리로 발전한 것이 아니다. 오히려 이 사상은 마르크스주의자들 사이에 있는 모순들을 통해 발전했다. 어떤 이들은 비주류로 평가되는 이들과 마주하여 자신들이 정통이라고 주장했다. 1장에서 질문은 어느 척도에서 조레스와 소렐이 마르크스주의자였는지를 인식하는 데 있었다. 이 장에서는 1880년에서 1920년 사이에 일어난 풍성한 논쟁이 다루어질 것이다. 이 논쟁을 주도한 이들은 모두 이론의 여지없이 마르크스주의자이지만, 동시에 서로를 마르크스에 대한 배신자로 취급하면서 배제시키는 자들이다.

1. 마르크스에 반대하는 베른슈타인

1890년경의 베른슈타인[19]은 정통 마르크스주의자처럼 보인다. 플레하노프와 카우츠키는 그를 "세 명의 위대한" 마르크스주의자 가운데 하나로 생각했다. 그는 마르크스 사상을 가장 잘 알고 있고 그것을 빈번하게 사용했다. 즉, 그것은 다른 사상들에 대한 마르크스 사상의 우월성을 뜻

---

19) Eduard Bernstein (1850–1932).

한다. 엥겔스는 자신의 유언을 통해 베른슈타인을 상속자로 지목했다. 1875년 베른슈타인은 독일의 모든 사회주의자들의 결집을 실현했던 '고타 전당대회' 조직자였고, 그 대회를 위한 강령을 작성했다. 이 강령을 마르크스는 비판했고, 베른슈타인은 이에 굴복한다. 그리고 고타 강령에 대한 거부로 마르크스를 뒤따르게 된다. 모든 사회주의자들에게 그는 마르크스의 계승자로서 인식되어 있었고, 최초의 사회주의 잡지인 「새 시대」편집부에서 카우츠키와 함께 작업하기도 했다.

그러나 점차 베른슈타인은 마르크스 사상 안에 몇 가지 양립 불가능한 것이 있다는 생각을 하게 된다. 그는 1899년과 1901년에『사회주의의 조건들과 사회 민주주의의 과제들 또는 이론적 사회주의와 실천적 사회주의』와『역사와 사회주의 이론』[20]이라는 제목으로 두 권의 책을 출판한다. 이 두 저서는 마르크스주의자들 사이에 커다란 반향을 일으키며 소요를 야기한다. 1903년 두 저서는 독일 사민당 전당대회와 이듬해 암스테르담에서 있었던 국제 노동자 대회[인터내셔널]에서 비난을 받게 된다. 마르크스주의 지식인들에게 이 책들은 의식에 대한 위기와 분열을 야기했으며, 독일에서는 프티 부르주아 계급의 사회 민주주의 가담이라는 결과를 야기했다.

[마르크스 사상을] 수정하는 베른슈타인의 노력은 마르크스를 부정하려는 의지와 일치되는 것이 아니다. 이는 역사의 행보에 주의를 기울이는 한 사회학자의 태도이며, 1860년 자본주의에 대해 마르크스가 설명한 것과 1900년에 서구 사회의 발전을 비교하는 것이다. 이 사상을 구원하기 위해서는 새로운 경제적 현실과 새로운 환경 속에 사회주의적 행동의 필요성에 그것을 맞춰야 한다. 따라서 베른슈타인은 역사 유물론, 가

---

20) 프랑스어로는 다음과 같은 제목으로 편집되었다; E. Bernstein, *Les présupposés du socialisme suivi de Qu'elle ose paraître ce qu'elle est*, Le Seuil, Bibliothèque politique, Paris, 1974.

치 이론, 자본 집중, 계급투쟁과 같은 마르크스주의의 무수한 본질 요소들에 대해 비판을 가한다. 그러나 베른슈타인에게 본질적으로 남아 있는 것이 있다. 즉, 마르크스가 발견했던 것은 하나의 '방법' méthode이지, 정확한 설명을 무수히 나열하는 여러 요소들이 아니다. 베른슈타인이 갖고 있는 큰 장점은 마르크스의 결과가 틀렸다는 점이 중요하지 않았다고 말한 데 있다. 그에게 있어 내용을 재개 작업은 방법을 변질시키지 않는다. 그러나 무수한 지점들을 제거하는 것은 종국에 마르크스주의에 관한 [전반적] 재검토라는 방향으로 나아가지 않겠는가?

베른슈타인은 진흙탕 싸움에 말려 들어갔다.[21] 그러나 그의 주장들은 정확히 1945년 이후 프랑스 공산당이 말하는 것이다.

1.1. 철학적 입장

베른슈타인은 마르크스에게 남아 있던 헤겔 사상에 대한 비판을 자신의 출발점으로 삼는다. 그는 헤겔의 영향을 받은 마르크스의 『1844년 경제학-철학 수고』에서 우리가 보통 생각하지 못했던 부분을 발견해 낸다. 관념들의 유연성으로 인해 변증법이 중요성을 확보할 경우, 그것은 능수능란하게 작동한다. 관념론 관점에서만 변증법의 충족이 가능하다. 그러나 사태들에 대한 참된 변증법은 존재하지 않는다. 이것은 사태들의 변증법이 존재한다는 것을 긍정할 수 있을 언어 오용에 따른 것이 아니다. 그것은 '실제적인 것'에 대한 변증법적 해석을 부여한 것이지, 현실 그 자체의 운동에 관한 설명이 아니다. 이러한 주장은 마르크스의 출발점을 다음과 같이 거꾸로 세워 놓는다. 곧, 사태들이 실제에 대한 해석과

---

21) 독일 사민당에서 베른슈타인은 자신과 경쟁자들이 당의 일반 노선에 대해 어떤 적대감도 드러내지 않는 상황을 묵인하고 있었다.

일치되지 않을 경우, 우리는 사태들을 바꿔 버린다. 그러나 사태들의 변증법이 존재한다면, 우리는 사태들이 변증법적 운동과 일치시키고자 할 뿐 그것을 바꾸고자 하지 않을 것이다. 그로부터 마르크스주의는 더는 과학이 아닌 하나의 이데올로기가 된다. "마르크스주의가 과학이라고 말하는 것은 순진한 헛소리에 지나지 않으며… 공허한 말일 뿐이다." 마르크스주의는 과학이 아니라 역사, 경제에 대한 하나의 해석이다.

1.1.1. 조레스와 마찬가지로 베른슈타인은 '유물론'과 '관념론'의 종합을 시도한다. 이러한 종합은 베른슈타인에게 있어 필연적인 것처럼 보인다. 그 때문에, 베른슈타인은 마르크스에 근접해 있다. 그는 자신이 여전히 유물론자이며, 마르크스가 말하고자 했던 것은 역사 유물론이 정치적 요소들이나 고유한 이념들의 활동이 있음을 부정하지 않는 것이었다고 주장한다. 마르크스는 기계론적 해석 일체를 거부한다.

우리는 플레하노프와 오늘날 '알튀세르' Louis Althusser에게서 똑같은 입장을 발견할 수 있다.

그렇다면, 역사 유물론이란 무엇인가? 그것은 역사 유물론적 관점에서 정치적 요인, 이데올로기적 요인은 결코 무조건적이지도 않고, 개별적이지도 않다는 것을 의미한다. 관념론 관점 안에서 한 가지 요소 – 그것이 무엇이건 – 는 무조건적이고 자율적이다. 더불어 그것은 하나의 개별 현상이다. 왜냐하면, 모든 것의 원천인 '사유' pensée가 개별적이기 때문이다. 베른슈타인은 이 두 가지 수식어무조건적이고 개별적인가 서로 싸울 만한 것이라 생각한다. 마르크스에게 개인적, 개별적 사유는 존재하지 않는다. 모든 사유는 집단적이어야 한다. 이러한 이데올로기적 요인은 바탕에 모종의 경제적 조건들이 있어야만 발전 가능하며, 철학, 종교, 도덕 등은 경제 '하부구조'의 틀에서 벗어날 수 없다. 경제라는 토대는 절대적이지는 않지만, 결정적인 영향을 행사한다. 기계론적 의미의 결정주의는 존재하지 않으며, '사유 운동' le mouvement des idées과 '사물 운동' le mouvement des choses 사이에 상호작용이 있다. 마르크스에게 예술적 형태와 경제적 유형 사이에 정확한 상관관계는 존재하지 않으며, 다양하게 해석 가능한 관계가 존재할 따름이다.

또한 경제는 경제 학설들로 인해 발전한다. 그러나 순수 이데올로기 활동과 경제 활동 사이에 갈등이 존재하는 경우, 최종적으로 경제적 요소가 가장 강력한 요소가 된다. 곧, 후자인 경제 활동은 "중층결정"적이다.

우리는 '중층결정' surdétermination에 대한 생각을 루이 알튀세르에게서 다시 발견한다.

모든 부분이 완벽하게 마르크스 사상을 따르고 있다. 이로 인해 베른슈타인은 1904년 다음과 같이 말하기에 이른다. "이데올로기의 최정점은 기계적으로 출현하는 유물론이다. 이것은 순전히 고안해 낸 것이다."

1.1.2. 그러므로 우리는 역사의 운동을 이해할 수 있다. 이 운동을 이해한다면, 우리는 역사를 바탕에 두고 활동할 수 있다. 인간은 역사의 법칙들을 이해할수록, 그것을 더욱 잘 이끌어 나갈 수 있다. 따라서 실제로 경제 현상은 더는 결정적이지 않다. 이러한 단계에 있는 것이 바로 운동을 이해했던 '지성' intelligence이다. 마르크스는 인간이 역사에서 주어진 것을 회피 가능하게 한다. 곧, 메커니즘으로서 경제 메커니즘을 잘 이해

할수록, 인간은 그것을 더 효과적으로 지배할 수 있을 것이다. "자연적, 경제적 요인이 파악되는 한, 그것은 인간에 대한 봉사자가 된다."마르크스

> 이것은 정확히 1948년 소련 경제학자 '보즈네센스키'가 강조한 주제들이다. 그는 스탈린에 의해 숙청되었고, 1963년 흐루시초프에 의해 복권된다.[22]

그러므로 우리는 더는 맹목적 경제 발전과 마주하지 않고, 인간에 의한 역사적 향방의 가능성과 마주하고 있다. 베른슈타인은 마르크스 사상의 결정론적 측면을 해체하고자 한다.

그는 똑같은 논법을 모든 영역에 적용하되 특별히 더는 하부구조의 단순 반영물이 아닌 윤리와 도덕 현상들에 적용한다.

사유가 언제나 지배 계급의 것이라면, 발전은 어떻게 가능한가? 베른슈타인은 "우리가 이해한 경우"Si on a compris라고 답한다.

자신의 종속됨을 인식했던 인간은 자기 소외의 단순 반영물이 아닌 도덕에 힘을 기울일 수 있다. 역사 법칙들로부터 자유로운 윤리는 인간을 위한 참 윤리가 될 것이다. 경제 현상들과 도덕 현상들 사이에는 긴밀한 연결점이 존재하지만, 그것은 언제나 간접적이다. 사상의 사회적 행동은 그것의 성공을 조건 짓는 여러 요인들을 인식함으로 진보할 수 있다. 경제적 현상에 의해 결정되지 않는 사상이 사회에서 활동할 수 있기 위해

---

[22] 니콜라이 알렉세이에비치 보즈네센스키Nicolaï Alekseïevich Voznessenski (1903-1950). 이 경제학자는 소비에트 위계질서에서 급속도로 성장한 인물로 알려졌다. 1937년 그는 '소련 계획 경제 중심기구'(Gosplan)의 장이었고 1941년 소련 공산당 정치국에 들어간다. 제2차 세계대전 동안, 그는 소련의 전시 경제, 특히 무기와 탄약 생산을 지도한다. 1948년 보즈네센스키는 실제 가격과 중공업에 대한 보조금 삭제를 고려한다는 의미로 개혁을 준비한다. 그는 경제 발전을 돕기 위해 물질적 활력소를 두고자 한다. 그 해 보즈네센스키는 자신의 모든 보직을 잃게 되고, 1950년 체포되어 처형된다. 그가 고려했던 개혁 정신은 코시긴Kossyguine의 보호 아래 이루어진 1965년-1967년 경제 개혁의 기원이 된다.

그 사상은 경제적, 사회적 분석이나 역사 유물론에 의해 동일시된 역사 발전 법칙들과 분리되지 말아야 한다.

1.1.3. 베른슈타인은 모순에 빠진다. 그는 19세기 사회가 이전의 다른 어떤 사회처럼 경제 현상들을 자각했다고 우리에게 말한다. 따라서 19세기 사회는 이전의 다른 어떤 사회보다 자유롭다. 그러나 그는 다음과 같이 첨언한다. "사회 요소들 사이의 이익 대립만이 이론적 자유를 실천적 자유로 전환하는 것을 막는다." 경제 인식이 [우리에게] 허락했던 것은 실제적 자유가 아닌 '이론적 자유의 출현'이다. 그러나 사회가 이익 대립으로 노예화된다면, 우리는 과연 그 사회가 경제적 요소들에서 자유롭다고 말할 수 있겠는가? 그렇지 않을 것이다. 왜냐하면, 우리는 하나의 작동기제를 지각했기 때문이다. 이 작동기제로부터 우리는 자유롭다. 그러므로 이러한 대립들이 사회주의 이행의 객관적 조건이라는 마르크스의 사상으로 되돌아가야 한다. 그러나 중요한 것은 인간 행동이 아닌 경제력의 작용에 의해 이행되는 사회주의이다.

1.2. 베른슈타인의 경제사상

베른슈타인의 사상은 조레스의 사상에 근접해 있다. 그러나 그는 서구 유럽 경제생활의 사태들을 관찰하며 드러나는 불일치의 요소들을 구체화한다. 여기에서 베른슈타인은 자본의 집중화보다 오히려 탈脫 집중화를 보고 있다. 그는 더는 위기들의 악화도, 1860년과 1900년 사이의 자본주의 경제 상황의 추락도 증명하지 않는다. 사회적 부의 성장은 소유주 수치의 성장을 병행한다. 게다가 자본가의 수는 증대하고, 사회 중산층들은 더욱 강화되지 무산계급화 되지 않는다.

1.2.1. 베른슈타인 : 마르크스의 노동 가치론과 잉여가치론 거부

베른슈타인에게 노동 가치론은 과학적이지도 않고, 구체적이지도 않은 순수한 지적 구성물처럼 보인다. 그러나 바로 이러한 가치 이론 위에서 마르크스는 잉여 가치론을 발전시킨다. 베른슈타인의 시각에서 잉여 가치는 "어떠한 가설에 토대를 둔 공식"이다. 베른슈타인의 비판은 마르크스의 사상운동을 재구성하고자 한다. 마르크스는 노동자가 실제로 자본가에 의해 착취되고 있음을 증명하고자 했다. 이러한 상황의 객관성 제시를 위해 마르크스는 주인의 노동력 구매 계약의 결과인 잉여 가치론을 제작했다. 이러한 구매 계약이 잉여 가치와 착취를 만들어냈다는 것을 증명하기 위해 마르크스는 가치이론을 염출해야 했다. 설상가상으로 잉여 가치론은 실제 사태들과 대조된다. 숙련된 노동자는 단순 수공업자보다 더 나은 구매력을 갖고 있고 더 큰 가치를 생산한다. 가치 이론이 적용된다면, 숙련 노동자의 노동력의 가치가 수공업자의 노동력 가치보다 우월하다는 것은 어찌된 일인가? 또한, 숙련 노동자가 더 큰 가치를 생산한다면, 어떤 점에서 더 착취를 당하는가? 베른슈타인의 시각에 따르면, 우리는 마르크스주의와 유물론 사상에서조차 효용의 문제를 피할 수 없다. 더불어 우리는 가치의 한계 효용 개념에 대한 베른슈타인의 지지를 볼 수 있다.[23]

1.2.2. 베른슈타인의 자본 집중 이론 공격 : 두 가지 계획

이론적 지평에서, 자본 집중화에 관해 말하는 것은 가능한가? 자본 집

---

23) 효용에 기초한 가치 이론은 19세기 후반기 30년에 발전되었다. 가치 이론에 모순되는 이 이론 설립자 가운데서 우리는 J. B. 클라크, W. S. 제번스, C. 맹거라는 이름을 인용할 필요가 있다. 노동에 토대를 둔 가치 이론에 옮겨온 모순과 별개로 효용 가치로부터 발전된 한계 효용학파는 마르크스주의자들에 의해 오랜 기간 인정받지 못했다. 그 이유는 마르크스주의자들에게 한계효용학파는 자본에 대한 보상을 과학적으로 정당화하려는 시도로 보였기 때문이다.

중화는 자본주의적 축적에 의해서 생산될 수 있을 뿐이며, 자본주의적 축적은 오직 잉여 가치로부터 나온다. 그러나 마르크스는 자기 저서 또 다른 곳에서 '이윤율 저하 경향 법칙'을 언급한다. 이윤이 하락 경향을 보이면, 어떻게 자본 집중화가 있을 수 있겠는가?

실천적 지평에서, 베른슈타인은 1860년에서 1900년 사이 소유주가 감소하는 대신 증가했음을 확인한다. 그는 기업의 경제 집중이 존재한다는 것을 수용하지만, 이러한 집중과 재정적 집중을 혼합하지 말아야 한다고 생각한다. 마르크스는 이를 혼합했다. 그럼에도 마르크스 사상 내에서 이러한 집중은 사회주의 출현을 위해 필연적인 것이었다. 베른슈타인의 시각에서 볼 때, 만일 사회주의 출현이 부의 집중에 연결되어 있다면, 우리는 결코 사회주의에 이를 수 없을 것이다. 더군다나 마르크스가 옳다면, 마르크스주의 정당은 이러한 집중화에 혜택을 주어야 하고 자본가들을 도와야 한다. 그러나 20년 동안 마르크스주의 정당들은 그것을 반대로 실행하고 있다. 즉 그들은 자본주의 발전을 저지하고 있다. 베른슈타인의 시각에서 볼 때, 사회주의는 부의 집중에 종속되지 않는다는 마르크스의 시각은 잘못된 것이다. 사회주의는 사회적 부의 성장과 연결된다. 사회주의는 이러한 사회적 부를 가장 효과적으로 재분배하는 길과 방식을 찾는다. 이는 생산 문제보다 분배 문제이다.

1.2.3. 빈곤화 이론 검토

베른슈타인은 생산이 증가함에 따라 인구가 가장 많은 계층의 상황이 개선된다고 생각한다. 생산이 완전히 흡수해 버리는 것이다. 일시적인 예외 상황을 제외하면, 생산과 소비 사이의 모순은 존재하지 않는다. 즉, '양곡선' les deux courbes은 서로 평행하다. 빈곤화가 증가된다면, 사람들은 점차 소비를 줄일 것이다. 생산이 소비되지 않았다면, 경제적 진보에 대한 규제가 생겨날 것이며 따라서 기술 진보에 대한 규제가 발생할 것이다. 그러나 우리는 기술 진보가 지속되고 있음을 목도한다. 수많은 소비자 증가는 항상 생산의 성장을 흡수한다. 프롤레타리아의 복지가 개선되거나 부르주아의 수가 증가한다. 실제로 여러 통계들이 이러한 분석을 공고히 한다. 마르크스의 『자본론』 집필 당시 150파운드에서 1,000파운드 사이의 소득을 얻는 영국의 가계들은 20년이 지난 뒤 30만 파운드에서 90만 파운드로 변했다. 파운드 구매력 지속으로 인해 부의 풍요가 있었다. 물론 여러 경제 위기가 있었으나 그것의 원인은 빈곤화가 아니다. 또한, 1847년에서 1900년까지 경제 위기들의 강도가 점차 감소 추세를 보인다. 만일 자본주의가 위기들을 타개하는 법을 배운다면, 하나의 위기를 이어 붕괴되는 것을 목도하는 일은 불가능할 것이다.

1.2.4. 국가사회주의 이념

베른슈타인은 '국가사회주의' 라는 용어를 고안했다. "특별히 독일 사회주의를 심사숙고하여 제작해야" 한다. 마르크스가 말하는 사회 투쟁은 국가적 투쟁들 앞에서 소멸되는 방향으로 나아간다. 이점에서 베른슈타인은 자신이 마르크스주의에 남아 있다고 주장한다. 그가 이렇게 주장하는 이유는 바로 마르크스가 각자 고유의 혁명을 실행해야 하는 모든 나라를 긍정하고 있기 때문이다. 곧, "각각의 프롤레타리아는 국가적 계획 위에서 각자의 부르주아 계급을 청산해야 한다." 그러므로 사회주의 투쟁은 국제적 틀 안에서 조종되는 것이 아니다. 각국은 자신들의 사회주의 정치를 심혈을 기울여 제작해야 한다. 본래 사회주의는 반反애국주의가 아니다.

외적으로 우리는 진보의 속도가 더딘 사람들의 중량감을 진보된 사회주의자들에게 부과하여 그들을 지연시키는 것에 지나지 않는 '국제주의'의 토대 위에 사회주의적 행동을 건설할 수 없다. 이에 베른슈타인은 우리가 볼 수 있는 매우 발전된 사민당의 모습은 독일에 있다고 말한다. 사민당은 신속하게 의회 요직에 두각을 나타낼 것이며, 의회의 존중을 받게 될 것이다. 이와 비교하여, 러시아는 소규모 사회주의 집단들로 인해 지체되어 있었다. 독일 사회주의자들이 러시아와 함께 국제주의를 실행한다면, 독일 사민당은 20년 후퇴할 것이다. 게다가, 러시아는 독일에게 위험한 국가이다. 독일 사회주의자들이 독일 국가와 싸우게 되면, 전쟁이 일어날 경우 그들은 러시아의 승리에 유리한 혜택을 줄 위험을 안게 될 것이다. 그렇게 되면, 독일은 차르의 보호 아래 있게 될 것이며 사회주의 운동은 후퇴할 것이다.

또한 베른슈타인은 우리가 반(反)식민주의자일 필요는 없다고 말한다. 그것은 식민주의가 사회주의 도래를 지연시키지 않기 때문이다. 몇몇 마르크스주의자들에게 식민주의는 인위적 번영을 유지하면서 파산을 지연시키는 자본주의를 위한 수단이다. 그러나 식민주의는 식민화된 민중들을 프롤레타리아로 만들어 버린다. 그로부터 사회주의가 강화되는 것이다. 더욱이 차후 레닌은 바로 이것과 똑같은 바탕에서 [식민주의를] 논할 것이다.

향후 이 이론이 유행한다는 점을 강조할 필요가 있다. '민중 민주주의'가 국가사회주의를 만든다. 계급투쟁이 소유국과 무소유국 간 투쟁으로 대체되는 이념은 베른슈타인에게서 기인한다.

1.3. 혁명과 전략

1.3.1. 폭력 혁명의 위험

베른슈타인은 마르크스의 혁명적 시각이 블랑키주의국가 핵심 기구들을 탈

취하기 위한 소수 비밀 결사에 많은 영향을 받았다고 생각한다. 블랑키는 혁명적 행동에 무제한적 창조 가치를 부여했다. 이중적 관점에서 그것은 오류이다. 무엇보다 블랑키식 혁명 방법은 완전히 시대착오적 시각이며, "혁명에 대한 퇴행적 시각"이다. 그러나 특히 이러한 형태의 혁명은 경제적 후퇴를 낳는 혼란스러운 상황에 이를 소지가 있다. 조직화되지 않은 혁명은 경제적 삶에 치명상이 될 뿐이며, 마르크스주의가 "정치적 모험"이라 부르는 것을 재현할 뿐이다. 베른슈타인의 시각에서 볼 때, 이 지점에서 마르크스는 자가당착에 봉착한다. 마르크스는 하나의 체제가 또 다른 체제로 이어질 수 있는 것은 오직 앞서 창출된 것 모두를 계승함으로서 가능하다고 말한다. 만일 혁명이 파괴적이라면, 우리는 경제적 후퇴를 목도하게 될 것이고 새로운 사회적 체제는 약화될 것이다. 혁명은 경제 수준 감소를 야기하지 말아야 한다.

나엘뢸느 이러한 생각을 매우 중요하게 여긴다.

경제에서 '노동자 자주관리' l'autogestion의 실천을 위해 자기 책임을 짊어지는 노동자들을 준비하는 작업을 실행에 옮겨야 한다. 전적으로 다른 형태의 혁명이나 이에 대한 "법" 이념은 순전히 사변적이며 이데올로기적이다.

따라서 반드시 폭력 혁명일 필요는 없다. 오히려 사회주의적 의미를 수반하는 민주적 행보에 따르는 진보적 개혁들이 필요하다.

1.3.2. 기회주의

우리는 자본주의 붕괴가 급속도로 발생하고, 마르크스가 예고한 방식들을 따라 일어나리라 희망할 수 없다. 그러므로 예고된 자본주의 붕괴를 따라 사회주의 운동의 행로를 지도하지 않아야 할 것이다. 마르크스가 말하는 [자본주의 붕괴] "대재난"catastrophe이라는 주제는 위험하다. 왜냐하면, 그것은 프롤레타리아 계급 안에 있는 본질적으로 변하지 않을 환상들을 유지하고 있기 때문이다. 자본주의 내적 모순들이 자본주의 파괴를 이끌어낸다는 생각이 정확한 것이 아니다. 베른슈타인은 '파괴적 모순들' les contradictions destructives과 '진보적 모순들' les contradictions progressives을 구분한 최초 인물이다. 그는 다음과 같이 말한다. "모든 모순들이 파괴를 함축하고 있는 것은 아니며, 진보적인 모순들은 사태 확인의 시간과 개량의 시간을 가능하게 한다." 따라서 사회주의자들에게 중요한 것은 자본주의의 활동에 굴복하는 것이 아니라, 이 자본주의 발전에 따라 자기 전술을 결정하는 것이다. 이를 "기회주의"라고 한다. 즉 자본주의와 부르주아 사회 내부의 혁명 활동에서 도래하는 참신한 전술이다.

1.3.3. 민주주의

사회주의에 이르는 가장 좋은 방법은 폭력 혁명이 아니며, 프롤레타리아 독재도 아니다. 그것은 사회주의자들에 의한 민주주의의 올바른 사용이다. 이 민주주의는 그것을 사회주의로 전개 가능하게 하는 유일 체계라고 이해하는 베른슈타인에게 있어 매우 중요하다. 조레스와 달리 베른슈타인은 이러한 발전이 자발적이어야 한다고 생각한다. 그러나 그것은 자동적으로 사회주의로 바뀔 자본주의를 말하는 것이 아니다. "노동자 계급이 민주주의의 지적 성숙과 경제 발전에 따라 그것을 실행할 수 있는 만큼, 민주주의는 노동자 계급에 의해 실행된 권력 행사를 바로 허락한다." 물론 민주주의 그 자체로는 정권을 즉각 프롤레타리아의 손에 맡길 수 없다. 그렇다면, 이것은 민주주의의 과오가 아닌 노동자 계급의 과오이다. 왜냐하면, 노동자 계급은 즉각적으로 정권 실행을 할 수 없을 것이기 때문이다. 실제로 그 어느 누구나 투표와 의회를 통해 정권 참여 가능성을 갖고 있다. 그러나 모든 사람이 통치 능력을 갖고 있는 것은 아니다. 민주주의는 프롤레타리아의 지속적 실력 행사를 가능하게 한다. 마르크스가 순수 형식적이고 이름뿐인 민주주의를 고발한 반면, 베른슈타인은 결국에는 반드시 실제적 참가가 되는 형식적 참여를 긍정한다. 민주주의는 사회주의를 예비한다. 그 이유는 사회주의는 이전의 강제된 것들을 대체하는 새로운 강제가 될 수 없기 때문이다. 따라서 정치적 관점에서 뿐 아니라, 경제적 관점에서 민주주의를 향상시켜야 한다.

베른슈타인의 정치적 배경을 고려하는 것은 타당하다. 독일에서 1870년과 1910년 사이에 사회주의자들은 무수한 행정 관료직을 얻게 되었다. 1910년 그들은 행정부서의 1/4을 점했다. 곧 이것은 프랑스 사회주의자들이 1936년에만 단 한 번 도달했던 것과 똑같은 비중이다. 노동자들은 지역 의회 단계에서 국가 관리하는 법을 익히게 될 것이다. 마찬가지로 민주주의로 인해 여러 조합들이 발전할 수 있을 것이다. 이러한 요소들이 발전해 나갈수록, 비극적 혁명을 요청할 필요성이 줄어들게 된다. 이러한 비극적 혁명에 대한 전망을 지키기 위해서는 민주주의의 발전과 싸워야 할 것이다. 하지만, 그것은 그리 요원한 일이 아니다. 노동자 계급이 충분히 학습되고 형성되는 한, 인민 대표권 확장은 점진적으로 그리고 정상적으로 실행될 것이다. 결국, 민주주의는 인민에 의한 통치 경험에 다다른다. 또한, 그것은 사회 민주주의에게 경제 제도들을 바꾸기 위한 국가의 사용을 가능하게 한다. 노동자 계급이 자신의 경제를 경영하기에 이르기 전, 그 중간 시기 동안 민주주의 국가가 경제를 경영하게 될 것이다.

1.3.4. 사회주의 지향 운동의 사회-경제적 조건들

이에 관하여 베른슈타인은 마르크스의 입장에 근접해 있다. 곧, "사회주의로의 이행은 자본이 자신의 생산성 최대치에 도달했을 때에만 가능할 것이다." 민주주의 발전과 병행하여 노동자 계급은 사회적 특성 뿐 아니라 경제적 특성에 대해 특수성을 갖고 있는 여러 기관들과 더불어 조직되어야 할 것이다. 베른슈타인은 프루동의 '생산 협동조합' les coopratives de production을 크게 신뢰하지 않는다. 오히려 그는 '소비 협동조합' les coop ratives de consommation에 큰 믿음을 보인다. 그는 소비자들이 소비 제반과 연결되어 그것을 통제하는 한, 소비 협동조합이 경제생활 제반을 통제할 수 있을 것이라는 생각에 의존한다.

현재 이 생각이 답습되는 곳은 바로 '미국' 이다.[24]

또한, 민주주의는 각종 정당과 조합 훈련으로 학습된다. 왜냐하면, 임금 인상 투쟁을 위한 전투적 노동자 조직이 필요하기 때문이다. 마르크스에게 이런 종류의 기관들은 자본가들을 궁색하게 하는 역할을 해야만 하지만, 베른슈타인에게 있어 모든 임금 인상은 이윤 감소를 이끌어 결국, 급여 내 이윤 붕괴를 초래한다.

이러한 투쟁에서 각 개인은 두 종류의 이익을 갖게 된다.

- 대립하고 있는 계급의 이익.
- 그러나 사회 전체와 연관된 집단 이익.

민주주의가 실행되고, 사회적 법체계가 발전하며, 노동자 조직의 권력 획득에 따라 계급의 이익은 실제로 감소할 것이며 각 개인의 생각 속에

---

[24] 강의에서 이 구절은 60년대 후반에 강조되었다는 것을 구체적으로 밝혀둔다.

집단적 이익의 중요성이 점차 두드러질 것이다. 사회는 점진적으로 민주주의화 될 것이며, 결국, 우리는 점차 계급투쟁을 완화해 나가게 될 것이다.

1.3.5. 사회주의

"운동이 모든 것이다. 사회주의의 최종 목표는 결코 존재하지 않는다. 정권 획득, 생산 수단 수용은 목표가 아닌 수단이다." 베른슈타인에게 사회주의란 하나의 목표가 아니다. 즉, 사회주의적이라 할 수 있을 어떤 특정 사회는 존재하지 않는다. 그러한 점에서 베른슈타인은 마르크스 사상을 따르고 있다. 실제로 마르크스는 결코 사회주의나 공산주의 사회를 설명하지 않았다. 사회주의는 모든 요소들이 예측과 설명이 가능한 것에 앞서 투사되어 있는 하나의 체제이다. 곧 그것은 하나의 사회적 운동이다. 우리는 결코 완성에 이르지 않고 지속적으로 실현되는 어떠한 진보를 향하여 나아가는 일을 지속한다. 그러므로 사회주의의 도래는 결단코 객체적 필연성의 결과가 아닌 주체적 필연성의 결과이다. 달리 말해 그것은 우리가 도달해야 하는 탁월하고 규정할 수 없는 하나의 목표가 존재하는 노동 계급에 대한 확신이며, 정의로운 사회 형태를 증진시키려는 욕망이자, 지지와 노력, 모든 이의 역량에 달려 있는 것이다. 프롤레타리아 안에는 진보의 길로 나아가게 하는 일종의 역동성이 존재한다. 베른슈타인은 프롤레타리아의 가장 심오한 현실성은 복지 향상에 대한 지속적 연구에서 존재하고 있다고 확신한다. 프롤레타리아의 사회적 역동성이 근본적인 것이다. 주어진 어느 한 순간에 우리는 멈춰 설 수 있고 사회주의 안에 자리 잡을 수 있으리라 생각하지 말아야 한다. 프롤레타리아의 사회적 역동성은 분명한 단절이자 사회주의에 당도한 것과 같은 인상을 줄 수 있을 것 같은 혁명에 대해 적대적이다. 혁명은 우연한 폭발이 아니라, 노동 계급의 지속적 노력의 산물이다. 그럼에도 불구하고, 프롤레타리아의 사회적 역동성은 경제적, 정치적으로 조직화된 프롤레타리아에 의한 정권 획득을 결코 포기하지 않음을 선언한다. 그들이 도전해야 할 이유는 부르주아 사회의 붕괴가 가까워졌기 때문이고, 그 붕괴가 필연적이기 때문이다.

그러나 프롤레타리아가 집권하게 될 때, 계급들이 소멸되지 않을 것이다. 달리 말해, 사회적 적대자들이 지속될 것이며 다른 계급들이 출현할 것이다.

베른슈타인은 이 부분을 명확히 이해한 것 같다. 우리는 소련에서 그것을 확인할 수 있다.

항상 존재하는 현실 너머로 나아가고자 하는 '**프롤레타리아 진보의 지**' la volonté de progrès du prolétariat는 혁명적 운동과의 연속성을 내포하고 있다. 그러한 '프롤레타리아 진보의지'는 사회주의라 여겨지는 한 사회를 가로지르며 출현하는 것과 마찬가지로 자본주의와 부르주아 사회 안에서도 출현한다.

2. 베른슈타인에 반대하는 카우츠키

1899년 카우츠키[25]는 『마르크스주의와 베른슈타인 비판』[26]이라 명명된 책에서 베른슈타인을 반박한다. 그는 베른슈타인의 가치를 인식하고 있으며 인격적 차원에서 베른슈타인을 모욕하기를 거부하면서 그의 인

---
25) Karl Kautsky (1854-1938).
26) 초판은 1899년 베를린에서 출판되었고, 프랑스어 역본 초판은 1900년 파리에서 출판되었다.

격을 재평가한다. 그러나 카우츠키는 [베른슈타인에 대한] 자신의 반대 의사를 다음의 두 가지 비난 섞인 언어로 표현한다. 곧, 우선 카우츠키는 "[베른슈타인은] 명백한 배반자"라는 생각을 갖고 [결국 베른슈타인의 주장은] 부르주아 계급에게 무기들을 공급해 준 셈이며, 다음으로 [베른슈타인은] 마르크스주의자들의 단결을 파괴한 최초의 인물이 되었다고 비난한다.

2.1. 철학적 계획 관련 비판

카우츠키는 마르크스에 대한 비판에 있어 철학적 논증과 자유주의 경제학적 논증을 사용했던 베른슈타인을 비난한다. 또한, 그 일로 베른슈타인은 마르크스의 땅을 떠나버렸다고 주장한다. 그러한 이유로, 베른슈타인은 더는 마르크스주의자가 아니다.

이것은 차후 진행될 논의들에서 매우 중요한 점이다. 왜냐하면, 마르크스 사상은 하나의 총체적 체계이며, 모든 것을 포괄하는 체계이기 때문이다. 만일 우리가 [체계] 외부에 자리 잡고 있다면, 그것은 마르크스의 체계가 모든 것을 포괄하고 있다고 생각하지 않는 것, 달리 말해 우리가 그것을 부정하기 때문일 것이다. "건설적 비판"은 오직 [마르크스 사상] 체계 내부에서만 유효하다.

베른슈타인의 비판은 실천프락시스에 연결된 마르크스의 방법론에 비해 빈약한 토대 위에 있다. 달리 말해, 그의 비판은 행동과 사상 사이의 협소한 관계를 유지하고 있다. 하나의 사상이 존재한다는 것은 오직 구체적 상황 가운데로 들어가는 것을 말한다. 그러나 베른슈타인은 마르크스 사상을 이해하지 못했다는 것을 증명하듯 순수 철학적 비판을 수행한다.

　카우츠키는 베른슈타인처럼 이데올로기와 사건들 간의 상호 작용 가능성을 인정한다. 그러나 그 상호 작용에서 우리는 인간이 역사 발전의 작동 방식들을 이해하게 될 것이므로, 언젠가 인간이 역사 발전의 주인이 될 것이라는 내용을 추론할 수 없다. 우리가 자본주의 체제에 있는 한, 경제 법칙들은 그 자체로 지속된다. 또한, 경제 법칙들의 통제를 위해 그것의 작동 방식들예를 들어, 착취을 인식하는 것으로는 불충분하다. 자본주의 사회에서 인간은 경제의 주인이 될 수 없다.

　카우츠키는 각 시대의 특수성이 존재한다는 것도 인정한다. 분명히 인간이 경제 현상들에 의해 짓밟힌 시기들, 위기들이 존재하지만, 그와 달리 팽창이나 안정의 시기에서는 인간이 경제의 주인이 되는 것 같은 인상을 가질 수 있다. 그러나 이는 망상일 뿐이다.

　카우츠키는 특별히 1900년대 경제적 비약이 남겨 놓은 실패 요소들로 베른슈타인을 비난한다. 베른슈타인 자기 자신이 말했던 것처럼, 그[베른슈타인]는 일반 사람들이 아닌 대자본가와 같은 일부 인사들이 경제를 지배할 수 있다는 것을 인정하고자 한다. 인간이 경제력의 주인이 되려면, 집단적 이익이 특수한 이익들보다 우세해야 할 것이다. 그러나 경제에 대한 영향력을 갖고 있는 사람들, 곧 자본가들은 오직 자신들의 특수한 이익만을 따라다닐 뿐이다. 따라서 경제적 삶에 대한 자본가들의 지배는 인간에 의해 실행된 지배가 아니다. 그 점에서 마르크스를 따르는 카우츠키의 시각에서 볼 때, 인간 집단과 프롤레타리아 사이에는 "동일성"identité이 존재한다. 오직 프롤레타리아만이 사회 속에서 전체적 이익의 의미를 소유한다. 프롤레타리아들은 집단의 이익을 이해할 수 있는 유일한 자들이다. 왜냐하면, 그들은 압제받고 있는 자들이기 때문이다. 하지만, 우리가 역사 발전을 이해한 경우에도, 프롤레타리아는 항상 지배와 착취를 당하는 상태에 머물러 있다. 따라서 카우츠키는 베른슈타인이 생각했던 것처럼, 어떤 이데올로기적 가치나 정신적 가치에 걸려 있는 인간이나 인간성은 존재하지 않는다고 주장한다. 이데올로기적 가치들은 결코 역사를 바꾸지 못할 것이다. 또한, 인간의 의식과 그 가치들은 경제적 조건의 반영에 지나지 않는다는 마르크스의 주장은 정확하다. 카우츠키의 시각에, 목표는 의식화에 의한 경제 지배가 아닌 혁명적 행동을 통한 존재의 해방이다.

카우츠키에 의하면, "베른슈타인은 사회주의가 필요 불가결한 것이 되리라 여긴다. 왜냐하면, 사람들, 특히 지식인들이 점차 사회주의에 대한 지지를 보낼 것이기 때문이다. 그러나 실제로 사회주의를 통해 지식인들이 승리를 거두는 것은 자본주의 사회가 그들을 프롤레타리아에 근접한 상황 속에 빠뜨리기 때문일 것이다. 바로 이것이 사회주의의 진리에 대한 확신 없이 지식인들이 프롤레타리아처럼 행동하고 사회주의자가 되는 방향으로 인도한다."

달리 말해, 사회주의는 인간들이 그것을 잘 이해하고 있기 때문에 성장하는 것이 아니라, 인간들이 '무산계급화' 되기 때문에 성장하는 것이다. 사회주의는 마르크스가 예측한 역사 전개의 결과물이지, 역사에 대한 인간 독립성의 신장에서 나오는 결과물이 아니다.

2.2. 경제적, 전술적 계획 관련 비판

2.2.1. 경제, 전술 계획에 관한 비판은 1902년에 출판된 『사회적 혁명』[27]에서 표명되었다.

카우츠키는 베른슈타인을 반박하면서 마르크스가 경제적으로 실수하

---

27) 프랑스어 초판 출판은 1912년 파리 소재의 '마르셀 리비에르'(Marcel Rivière) 출판사에 의해 이루어졌고, 1921년 2판이 출판되었다.

지 않았다는 생각을 유지한다. 마르크스는 정확한 경제적 해석의 토대들에 관해 문제를 제기했지만, 자본주의는 그가 상상했던 것 그 이상으로 복잡하다. 그럼에도 우리는 마르크스주의적 분석을 적용함으로 현재의 경제적 현실 이해에 이를 수 있다.

베른슈타인은 자본의 집중화는 없었다고 평가했다.

카우츠키는 이러한 주장을 인정하지 않는다. 왜냐하면, 그것이 불가능해 보이기 때문이며 카우츠키의 시각으로 베른슈타인은 대기업과 중소기업에 대한 통계 자료에서 집중화 현상을 평가하는데 관심을 기울이지 않는 것처럼 보이기 때문이다. 중요한 문제는 기업의 숫자가 아니라, 기업이 차지하는 경제적 비중이다. 곧, 10,000명의 노동자를 고용하여 100,000톤의 강철을 생산하는 기업 하나가 2명 내지 3명의 노동자를 고용하여 수공업 제품들을 생산하는 100개의 중소기업보다 더 중요한 평가를 받는다. 하나의 경제 체계의 특성을 이루고 있는 것은 체계를 구성하고 있는 것에 대한 객관적 설명에 따르기도 하지만, 경제 체제 요소들의 균형에 의한 것이기도 하다. 이처럼 중요한 것은 비중 있는 기업 숫자의 증가가 아니라, 초대형 기업들의 자리이다.

2.2.2. 우리는 베른슈타인이 생각한 집중화 과정이 마르크스가 생각했던 것보다 더 복합적이라고 평가할 수 있다.

실제로 우리는 과거의 존속을 표현하고 있으나, 경제적 생활의 축^{axe} 형성에 해당되지 않는 소형 기업과 수공업의 저항을 목도한다. 사회주의자들은 이러한 과거의 세력들을 청산하는 일에 협력해야 한다.

집중화가 발생한다고 했을 때, 집중화의 출현은 '산업 집중화' 현상에 녹아들 수 없는 '자본들의 집중화' 현상에 의한 것이라고 말할 수 있다. 우리가 이미 주목한 것처럼, 베른슈타인의 시각에 자본들의 분포는 갖가지 활동을 통해 사회 전반에서 실행되는 것이다.

2.2.3. 베른슈타인은 위기들에 관한 이론을 고려하지 않았다.
그의 낙관주의는 매우 짧은 번영의 시기[25]년를 관찰하여 이루어진 것이다. 베른슈타인은 예외적 특성을 보지 않았다. 카우츠키는 이 시기에 사회주의의 발전은 더디지만, 자본주의 번영이 지속될 수 있으리라 믿는 것은 오류일 것이라고 말한다.

2.2.4. 의회주의는 사민주의를 파괴하며, 사민주의로 나아갈 수 없다.
제기된 물음은 민주주의가 폭력적 단절 없이 사회주의로의 점진적 이행을 보장하는 수단을 공급하는지 아는 데 있다. 카우츠키는 베른슈타인에 의해 강조된 모든 사실들을 인식하지만, 그것을 사실로 고수하는 한 우리는 반쪽 진리demi-vérité에 이르게 될 뿐이라는 이유로 [베른슈타인에] 반대한다. 카우츠키에 의하면, 현존하는 민주주의는 '의회 민주주의'이다. 그리고 그는 의회주의의 필연적 파괴에 대한 분석에 전념한다.
실제로 의회주의는 한 편으로 제한된 수의 정당을 가정하고, 다른 한 편으로 시민 대다수가 정치적 삶에 대한 흥미를 갖고 민주적으로 정치에 참여한다는 것을 가정한다. 그럼에도, 프티부르주아들과 노동자들의 영역에서 우리는 반민주적이고 반동적이며 권위주의 체제 구성을 목표로 하는 의견의 위기를 예상할 수 있다.
더구나 부르주아 계급과 자본가들의 권력 구성 요소들은 '의회'에 무관심하다. 실제 그들은 점진적으로 국회의원들을 통하지 않고도 행정부에 영향을 미치는 수단들을 소유한다.
따라서 양쪽 모두 [부르주아 계급과 자본가들]에 민주주의적, 정치적 삶에서 멀어지게 될 사회 주요 분파들이 있을 것이다.

마지막으로, 소유 계급들이 더욱 반동적으로 변할 수 있다는 것에 따라, 소유 계급들은 그들이 여러 정당들로 표명을 시도할 다양한 이익 집단들이나 반대 집단들로 분리된다. 그러므로 민주주의의 정상적 길은 거대 정당들의 분열이며 소수 정당들의 군집을 형성하는 것이다. 따라서 의회의 다수를 점하는 것은 점차 어려워질 것이며 우리는 일시적 연대를 목도할 것이다.

규정된 주체에 정확히 적용되는 마르크스의 방법이 매우 뛰어난 예측이 된다는 점을 주목하는 것은 놀라운 일이다.

이는 부르주아 정당들과 연관된 설명일 뿐 아니라, 모든 정당들과도 연결되는 설명이다. 사실상 프롤레타리아가 민주주의 참여에 자신의 장래가 달려 있다고 생각하는 한, 똑같은 과정을 감내할 것이다. 왜냐하면, 프롤레타리아가 하나로 일치된 계급이라고 생각하는 것은 오류일 것이기 때문이다. 따라서 군소 좌파 정당들이 군집하는 형국이 조성될 것이다. 결국 프롤레타리아는 약화될 것이고, 안정적 다수 구성에 실패할 것이며, 긍정적 요소가 아무것도 없는 위대한 목표도 안정적 방향도 없는 의회에서 나오게 될 것이다. 그러므로 사회주의자들은 민주주의 활동에 참여하지 않음으로 참된 사회주의 개혁을 이룰 것이다.

그러나 민주주의는 무용지물이 아니다. 왜냐하면, 민주주의는 혁명의 경제를 실행하도록 하지 않고도 혁명 투쟁의 최고 형태들을 가능하게 하기 때문이다. 반대로 혁명은 결국, 우리를 민주주의에 이르도록 할 것이다. 프롤레타리아가 권력을 장악하게 될 때, 우리는 민주주의의 현실적 자리배치의 형성을 목도하게 될 것이다. 의회는 그 본성을 바꿀 것이며 결국, 위대한 목표들을 채택할 것이다. 그 이유는 단 하나의 프롤레타리아 거대 정당이 존재하게 될 것이기 때문이다.

그러므로 베른슈타인이 암시한 개혁들은 사회주의를 지향하며 자본주의를 발전시키고자 하는 데 있어 그리 중요한 것은 아니다.

2.2.5. 카우츠키의 시각에 베른슈타인의 기회주의는 여러 오류들 가운데 최악이다.

베른슈타인은 상황들에 따라 결국, 교리를 변경하는 방향으로 귀결된다. 카우츠키는 이어지는 4가지 질문을 제기한다.

베른슈타인은 민주주의를 통해서 폭력을 회피하고자 한다. 그러나 어떠한 대가를 치르고서라도 폭력을 피하려고 하는 것은 적법한 일인가? 왜 반동주의자들이 유일하게 폭력을 사용하는 자들이 되는가?

베른슈타인은 프롤레타리아 집권에 적대적 입장을 취한다. 그러나 프롤레타리아가 사회의 다수가 될 때, 우리는 민주주의의 폭력이 존재한다고 말할 수 있는가?

베른슈타인에 의하면, 프롤레타리아가 주인이 될 때 우리는 사회주의 사회에 이르게 될 것이다. 그러나 카우츠키는 프롤레타리아가 주인이라는 것을 우리가 어떻게 알 수 있는지 묻는다. 가령 우리가 무수한 사회주의 의원들을 목도하게 되는 경우, 그 의원들은 부르주아라는 것을 잘 이해해야 한다… 그러므로 이러한 변화[또는 이행]의 구체적 기준은 존재하지 않는다. 오직 혁명만이 구체적 기준을 제시할 수 있을 것이다.

또한, 카우츠키는 왜 베른슈타인이 혁명 운동을 포기했는지 묻는다. 평가해 보면, 베른슈타인은 직접 행동에 대해 두려움을 갖고 있고, 노동운동이 좌초되는 것에 관한 두려움을 갖고 있다. 따라서 그는 마르크스주의, 노동자 계급, 사회주의 지도부들에 대한 충분한 신뢰를 보이지 않는다. 베른슈타인의 기회주의는 과연 그것이 옳은 것인지 그른 것인지 드러내 줄 혁명 실천운동을 지연시키는 방향으로 나갈 수도 있을 것이다. 카우츠키의 시각에, 베른슈타인의 이러한 확신의 결여는 정당하지 못하다. 왜냐하면, 노동운동 지도자들은 책임 수행을 위해 호출되는 매 순간, 특별히 지역적 단계에서, 사회주의 자치 의회가 훌륭하게 활동하는특히 독일 상황을 보여주었기 때문이다. 또한, 노동운동 지도자들이 자신들의 강력한 대적자로 조우하는 부르주아적 민주주의의 틀 내에서 승리했다면, 그들은 사회주의자들에 의한 정권 장악 이후 승리를 맛볼 것이다.

카우츠키의 논증은 설득력이 없다. 실제로 우리는 자본가들이 철저하게 선택하고 치밀하게 감시하는 일부 엘리트층의 관리 경영 능력이 훌륭하다고 이야기할 수 있는 부분을 시행정의 일부 경험을 통해 일반화시킬 수 없다.

2.2.6. 베른슈타인은 '사회주의 사회'가 아니라 '사회주의 사회로 나아가는 운동'이 중요하다고 말했다. 카우츠키는 이러한 베른슈타인의 입장을 공격한다.

카우츠키는 참된 사회주의 사회는 존재하며, 그 사회의 성격은 노동의 민주적 조직노동자 자주관리自主管理에 의해 규정될 것이라 생각한다. 이는 강제 노동자본주의 체제 규율 또는 자발적 노동사회주의 체제 규율이 존재한다는 범위에서만 산업 생산이 발전될 수 있다는 것 이상으로 필연성을 갖는다. 생산 과정 속에 노동조합의 규율을 수용함으로 우리는 사회주의 체제에 이를 것이다.

더욱이 카우츠키는 관료주의의 문제점 인식에 있어 장점을 갖고 있는 인물이다. 그는 철도 회사들을 사례로 취하며 숙련 기술자가 되기 위해서는 노동자들에 의해 선출된 대표가 되는 것으로는 충분하지 않다는 것을 안다. 곧, 반드시 관료주의를 양산해 낼 전문가들이 필요하다.

이러한 어려움을 일시적으로 대체하는 방법은 매 단계마다 민주주의에 대한 계획과 규율에 대한 계획 통제를 위한 전문 기술자를 갖고, 노동자 위원회를 조직하는 것이다.

더욱이 '자본주의 체제/사적 소유'와 '사회주의/집단 소유' 사이의 대립은 그리 간단한 문제가 아니다. 왜냐하면, 모든 것은 경제적 생산 유형에 달려 있기 때문이다. 즉, 소유 형태들은 모든 영역의 기술적 필요에 적응해야 한다. 국가, 시, 협동조합, 협회, 심지어 사적 소유가 존재할 것이다. 관료주의를 피하기 위해서는 일련의 융통성이 필요할 것이다.

카우츠키의 사상은 당대의 사회주의를 지배하게 된다. 그러나 베른슈타인과 카우츠키의 논쟁은 마르크스주의 운동에 교리적 위기와 분열이 있다는 것을 입증했다.

> 마르크스주의자들은 이러한 위기의 도래는 경제적 조건들의 변화의 반영이라는 결론을 내려야만 할 것이다. 향후 플레하노프가 그러한 결론을 내린다. 베른슈타인을 교리적으로 거부하고, 그를 파문함으로 "마르크스주의자들"은 사악한 마르크스주의자로 행동한 셈이다. 그들은 베른슈타인이 새로운 경제적 흐름을 보여주었다는 것을 인정해야 할 것이다.

3. 레닌과 카우츠키 논쟁

우리는 1900년에서 1914년에 이르는 시기에 마르크스 사상에 대한 두 명의 해석자를 언급할 것이다. 곧, 독일과 프랑스에서 활동한 '카우츠키'와 러시아의 '플레하노프'이다. 카우츠키가 국제 마르크스주의 운동의 수장으로 추앙될 당시, 레닌28)은 이인자 자리에 만족해야 했다. 레닌과 카우츠키의 대립은 1914년에서 1918년 사이에 일어났고, 특별히 1917년 혁명을 계기로 폭발했다.

3.1. 이론에서 행동으로의 이행

3.1.1. 레닌에 따르면, 1914년까지 사회주의자들의 입장 표명은 순수하게 이론적이었다. 사회주의 지도자들은 강연과 논문으로 행동의 본질을 구축하고자 했던 지성인들이었다. 독일에서는 사회민주주의와 더불어 행동이 강연의 단계를 극복했지만, 선거와 의회 활동 이상의 행동이 있었던 것은 아니다. 그들의 자리는 의회 체제 관점 안에 있었고, 결국, 혁명 실천은 존재하지 않았다. 그들은 혁명에 관해 토론하고 글을 썼으나, 잘 해봐야 실제 적용 가능한 이러저러한 방법론에 관해 설명했을 따름이다.

3.1.2. 1914년의 전쟁이 모든 것을 바꾸어 놓는다. 왜냐하면, 전쟁이 사회주의 지성인들을 혁명 가능한 상황과 마주하게 했기 때문이다. 레닌의 시각에 참된 마르크스주의자는 사상의 정통성에 의해 인정을 받는 것이 아니라, 전쟁이나 1917년 혁명과 같은 상황에 직면했을 시 보이는 태도에 의해 인정을 받는다.

레닌은 "한 사회의 생활 속에는 어느 한 순간이 존재하며, 그 순간은

---

28) 블라디미르 일리치 울리아노프 디 레닌Vladimir Ilitch Oulianov dit Lénine (1870-1924)은 정치 활동 초반에는 러시아 인민주의에 반하는 마르크스주의 사회주의자라는 평가를 얻는다. 1900년 플레하노프와 함께 「불꽃」(искра, iskra)이라는 이름의 신문을 발행한다. 레닌의 급진적 입장은 1903년 멘셰비키와 볼셰비키의 분열에서 기인한다. 1912년 볼셰비키는 독립 정당을 구성했다. 이 독립 정당이 1917년 혁명에서 그(레닌)가 보인 결정적 역할을 발전시켜준 곳은 아니다.

사회적 힘들의 관계가 실제로 혁명적 상황을 만드는 것이다"라고 말한다. 달리 말해, 그 순간은 혁명이 가능하게 되는 순간이다. 블랑키와 같은 일부 인사들은 어느 순간에나 혁명을 일으켰다. 다른 사람들은 역사를 방임했다. 그러나 1914년의 전쟁이 혁명 실천 활동에 참여해야 하는 당위에 호의적 상황을 만들었다. 레닌은 1917년 혁명이 이러한 분석을 공고히 했다고 말한다. 그에게 있어 이러한 [1914년 전쟁과 1917년 혁명과 같은 일련의 역사적] 사건들은 참된 국제주의 마르크스주의자, 참된 프롤레타리아 대표자, 그 외 다른 사람들, 달변가들을 구별할 수 있는 가능성을 제공했다.

전쟁에 직면하여, 카우츠키는 세계 혁명을 실천하기 위한 사건 활용을 주저한다. 결국, 그는 혁명 운동에 참가하기를 주저하고 포기한다. 당시 레닌은 카우츠키가 자본주의 국가들 안에 있는 전쟁과 공산주의 혁명 사이에 있는 필연적 관계를 주장했다는 것을 회상한다. 특별히 레닌은 1912년 "바젤 선언문" 작성에서 실제로 카우츠키가 전쟁이 혁명적 상황을 만들어 갈 것이라고 논했다는 점을 환기시킨다.

3.1.3. 그러나 1917년 혁명에 직면하여 카우츠키는 이 혁명이 오류라고 생각하며 혁명의 미래를 믿지 않았다. 레닌은 이에 반발했으며, 카우츠키가 베른슈타인이 교조적 지평에서 취했던 것과 똑같은 태도를 갖고 있다고 비난한다. 그러므로 레닌에 따르면 카우츠키는 기회주의자이다. 즉, "상황에 따라 자신의 향방을 결정하고, 그날그날의 사건들과 소소한 정치적 사안들의 변화에 적응하고, 프롤레타리아의 생명이 걸린 이익과 자본주의 전체적 특성을 망각하고, 실제적이든 헛된 것이든 간에 순간의 이득이라는 이름으로 프롤레타리아의 생존권이 달린 이익을 희생시키는 자이다. 그것이 카우츠키의 기회주의적이고 수정주의적인 정치이다."

레닌은 카우츠키의 마르크스주의적 정통성은 순전히 말에 지나지 않았음을 논증한다. 그는 카우츠키의 기회주의가 마르크스주의에 대한 과거의 교리적 오류의 결과일 뿐이라고 주장한다. 레닌은 카우츠키가 1914년까지는 훌륭한 마르크스주의자였고 이후에 타락한 것이라고 보지 않는다. 레닌이 생각하는 올바른 마르크스주의자는 행동에 대해 결코 실수하지 않는다.

이러한 논증은 향후 '모스크바 대숙청'을 이해하는데 중요하다.

따라서 1914년 이전의 카우츠키는 프롤레타리아의 세상과 공산주의 세계를 믿게 만들고 자신이 마르크스주의자였던 것을 믿도록 한 기만적 마르크스주의자였다. 카우츠키는 프롤레타리아를 속이고 그릇된 길로 인도했다. 따라서 그는 부르주아 계급에 봉사한 것이다. 레닌은 배반자의 객관적 개념을 이렇게 드러낸다.

그러므로 배반의 의지가 없었던 카우츠키는 주관적 배반자가 아니었다. 그러나 마르크스주의적 관점에서 의도는 어떤 중요성도 갖고 있지 않다.

이러한 유형의 논증은 스탈린의 여러 숙청 사건들을 설명해준다. [이 논리에서 볼 때] 결국, 스탈린은 레닌의 계승자가 되는 셈이다.

카우츠키에 대한 레닌의 비난은 부하린에 의해 『국제 부르주아 계급과 배신자 카우츠키』 *La bourgeoisie internationale et son renégat Kautsky*라는 제목으로 이어지기도 했던, 1918년 출판된 그레닌의 저서 『프롤레타리아 혁명과 배신자 카우츠키』 *La révolution prolétarienne et son renégat Kautsky*에 포함되어 있다.

3.2. 학설 논쟁

이러한 비난에 직면하여 카우츠키는 자신을 변호한다. 그는 전쟁과 혁명에 관한 자신의 입장 표명이 마르크스의 사상과 완전히 같다고 주장한다. 이 논쟁에서 카우츠키는 마르크스주의 교리에 있어 정당한 권위를 갖고 있었던 플레하노프의 강조점을 발견한다. 카우츠키의 논증은 모두 4가지이다.

3.2.1. 우선 마르크스에 의하면, 사회주의로의 이행은 경제의 객관적 조건들이 실현되는 경우에만 실행될 수 있다. 달리 말해, 풍성한 사회주의로 나아가기 위해서는 하나의 경제 체제가 자신이 갖고 있는 가능성의 최대치를 공급하는 경우에만 가능한 것이다. 이는 실제 마르크스의 본질적 분석이다. 그러나 1917년 당시의 자본주의 일반, 특히 러시아 자본주의는 과연 그들 자본주의가 갖고 있는 가능성의 최대치에 이르렀는가? 러시아의 산업화는 이루어졌는가? 자본 집중이 충분히 실현되었는가? 카우츠키는 물론 아니라고 말한다. 그러므로 마르크스가 생각했던 것과 같은 사회주의로의 이행 가능성은 존재하지 않는다. 우리는 전쟁에 따른 어려움을 겪고 있는 정치적 상황에서는 항시 혁명을 실천할 수 있지만, 그것은 무장 폭동 같은 '블랑키주의'적 혁명이며, 단순한 혁명적 모험이다. 더구나 카우츠키는 1917년 혁명의 결과들은 경제적 관점에서 대실패라고 말한다. 이는 레닌이 빚은 오류를 증명하는 것이다. 왜냐하면, 마르크스는 혁명은 결코 경제 지평의 퇴행을 야기할 수 없다고 말했기 때문이다.

3.2.2. 다른 한 편으로, 마르크스에 의하면 사회주의로의 이행은 충분한 수의 노동자 계급이 있고 노동자 자신의 뜻을 알릴 수 있는 의식화된

노동자가 존재할 때만 가능하다. 의회 민주주의에서는 다수의 프롤레타리아와 더불어 그러한 상황의 주인이 되는 것이 가능할 것이다. 그러나 러시아는 어떠한가?

카우츠키는 러시아에는 노동자 계급의 초기 형태가 존재하지 않으며, 어떠한 프롤레타리아 조직체도 없고, 프롤레타리아의 의식화도 전혀 존재하지 않는다고 주장한다. 러시아에는 사회주의자가 되려는 지식인들이 있을 뿐이며 유일한 프롤레타리아는 농민들이다. 그러나 마르크스는 농촌 프롤레타리아는 혁명을 일으킬 수 없으며, 산업 프롤레타리아만이 [혁명을 일으킬 수 있는] 유일한 세력으로 고려되어야 한다고 말했다. 따라서 산업화와 농촌 프롤레타리아를 지도할 수 있을 산업 프롤레타리아의 출현에 이르러야 한다. 마르크스는 우리에게 자연적 비참함으로부터는 혁명을 일으킬 수 없으며, 혁명은 무산 계급화^{prolétarisation}에서 일어난다고 말한다.

이러한 조건들 속에서 혁명 이후의 사회는 분명히 발전된 사회주의 사회는 아닐 것이다. 농민 프롤레타리아와 더불어 혁명을 일으킨다는 것은 무산계급화 이전에 농촌 사회주의를 건설한다는 것을 함의한다. 즉, 후퇴다. 결국, 레닌은 중세적 혁명$^{révolution\ moyenâgeuse}$을 일으킬 뿐이다. 농민 프롤레타리아를 바탕으로 노동자 사회주의를 건설하는 일은 의심의 여지가 있으며, 혁명 이후의 레닌은 독재에 기반을 두고 러시아를 통치할 수밖에 없을 것이다.

3.2.3. 더욱이 마르크스에 의하면, 역사의 숙명적 운동이 없다는 것은 사회주의를 권력으로 이끌어가고, 자본주의를 해체하며, 사회주의 제도들을 일으키도록 해야 하는 역사의 당연한 발전이다. 혁명은 역사의 변증법적 운동 안에 있다. 마르크스는 시류에 반하여 혁명을 일으키는 것

은 역사의 과정을 변혁하는 것이라고 강조했다. 이것은 레닌의 혁명이 미래의 참된 사회주의 혁명을 방해하는 것을 말한다. 볼셰비키들은 권력에 근접하고, 국가를 산업화시키며, 프롤레타리아의 출현과 사회주의 혁명에 유리하게 작용하는 부르주아 계급을 이해할 수 있을 역사의 정상적 발전을 왜곡하는 것이다. 카우츠키에 따르면, 역사의 정상적 과정이란 부르주아 의회 제도의 설립일 것이다.

3.2.4. 마지막으로 카우츠키는 다음과 같이 회상한다. 곧, 마르크스의 시각에 프롤레타리아 혁명은 '**세계혁명**'이 되어야 한다. 왜냐하면, 프롤레타리아는 보편적이기 때문이다. 프롤레타리아 혁명은 단 하나의 국가에 국한될 수 없다. 카우츠키는 민족주의적 사회주의를 실행하고자 했던 베른슈타인의 오류를 레닌에게 환기시킨다. 그러나 그는 다양한 프롤레타리아들 사이에 있는 관계들이 국제적 혁명 실행을 위해 그리 강하지 않다고 평가한다. 또한, 실제로 전쟁 선언 이후, 다양한 프롤레타리아들은 자신들의 정부를 추종했으며 그것을 가져다 준 것이 바로 민족 감정이다.

카우츠키는 사회주의적 민족주의를 피하기 위한 주의를 요구한다. 또한, 그는 독재와 종국에는 고립으로 갈 수밖에 없는 일국 사회주의 혁명의 위험을 벗어나기 위한 경계심이 필요하다고 말한다. 더욱이 카우츠키는 인터내셔널국제 노동자 연맹은 일반화된 혁명 도구가 될 수 없다고 말한다.

3.3. 방법론 문제

1917년에서 1921년 기간에 카우츠키와 레닌은 방법론에 대한 복안 문제로 대립한다.

3.3.1. 먼저 카우츠키는 1917년부터 러시아에 적용된 '소유의 사회화^{공유화}'라는 방법론을 비판한다. 그는 레닌이 사용한 재산 몰수 일반 체제를 거부한다. 카우츠키가 그것을 거부하는 이유는 레닌의 재산 몰수 방법이 맹목적이고, 비합리적이며, 정당하지 않고, 해롭기 때문이다. 곧, 부당한 방식으로 영세 수공업자들과 영세 지주들의 재산 전체를 몰수했다. 사회주의 혁명을 진행하고자 하나, 정당성이 결여된 기준을 택했기 때문에 그릇된 출발선에 서게 되었다. 실제로 재산 몰수는 경제적 무질서를 도래하게 했고, [경제적] 후퇴를 야기했다. 그러나 마르크스는 "개인 재산을 사회 재산으로 전환하기 위해서는 매 순간 그 전환이 경제적으로 가능한지 증명할 필요가 있다"라고 말한다. 따라서 [카우츠키의 시각에] 레닌이 다른 조치를 취할 수 없었다는 것은 자신이 일으킨 혁명이 참된 사회주의 혁명이 아니었기 때문일 것이다.

카우츠키는 하나의 혁명에는 실천에 대한 선택이 있어야 한다고 주장한다. 만일 프롤레타리아가 다수가 되기를 기다렸다면, 공용징수^{expropriation}는 임의적이지 않고 합법적으로 실행될 수 있어야 할 것이다. 공용징수는 인민의 대표들과 정당한 투표를 통해 가결되고 엄격히 적용된 법에 따라 결정되어야 한다. 생산을 방해하지 않고 경제적 진보를 이루는 사회화^{공유화} socialisation로 나아가야 한다.

3.3.2. 다음으로 카우츠키는 사회주의와 공산주의로 이행 가능한 두 가지 방법이 존재한다고 설명한다. 그에 비해 레닌에게는 단 하나의 방법이 있을 뿐이다. 카우츠키에 의하면, 우선 프롤레타리아가 국가와 의회에서 다수가 된 이후, 의회 혁명에 의해 사회주의와 공산주의 사회로의 접근 가능성이 있다. 또한, 이 의회가 점진적으로 사회주의 경제를 통과시키기 위한 법을 채택하는 것도 가능하다. 의회가 변혁 실천을 위한

하나의 훌륭한 도구인 경우, 무슨 이유로 그것을 사용하지 않겠는가? 군대나 행정부에 의존하고 있는 소수 부르주아로 인해 체제가 기능할 수 없는 경우 또 다른 길이 있다. 그것은 프롤레타리아와 국가의 다수자에 지탱되는 의회에 의해서 일어나는 폭력 혁명이다. 폭력 혁명을 피할 수 없을 경우, 우리는 폭력을 사용한다. 하지만, 그것은 필연적인 것은 아니다. 그러나 러시아 혁명가들은 사전에 의회 혁명에 대한 시도 없이 폭력 혁명을 사용했다.

레닌에게는 평화적 방법에 의해 사회주의로 이행할 가능성은 없다. 레닌은 카우츠키가 혁명에 대한 목가적 시각을 갖고 있으며, 사회주의를 지연시키고 있다고 비난한다. 또한, 레닌은 접촉하는 사건들에 따라 혁명 전술을 바꾸고 1917년의 폭력 혁명 참여를 피하려고 실제로 의회 혁명을 고안해 냈던 카우츠키를 비난한다.

한 편으로, 티토와 같은 마르크스주의자들 의해 제기된 두 가지의 길이 강조되어야 하고, 다른 한 편으로, 유고슬라비아와 소련의 화해 이후로 흐루시초프가 그 이중적 가능성을 긍정했다는 점이 강조되어야 한다. 브레주네프와 티토가 서명한 1965년의 선언은 사회주의로 가는 두 가지 유형이 있다는 것을 동시에 보여준다.

3.3.3. 방법론상 또 다른 문제가 있다. 바로 '프롤레타리아 독재' 문제이다. 카우츠키의 시각에 마르크스가 프롤레타리아 독재라고 말했던 것은 프롤레타리아 자신에 의해 실행되어야 하는 다수의 독재이다. 프롤레타리아가 다수가 되는 경우에만 프롤레타리아 혁명은 존재한다.

그러나 혁명이란 혁명적 성격을 지닌 프롤레타리아 소수 계파가 권위를 갖는 행동이며, 이 혁명적 프롤레타리아 소수파가 폭력을 통해 자신들의 뜻을 강제한다고 평함으로레닌은 [카우츠키의] 논의를 되받아친다. 이 점에 관하여, 레닌은 프롤레타리아를 두 종류로 구별한다. 하나는 '대중 프롤레타리아'이고, 다른 하나는 '행동 프롤레타리아' 즉, '공산당'이다. 레닌의 시각에, 우리가 통상적인 독재에 직면하지 않도록 보장하는 것은 이러한 소수파가 자기 계급 구조에 정통하며, 전체의 관심을 대표하기 때문이다. 카우츠키는 프롤레타리아가 다수였고 적어도 베르사유 정규군의 공격 이전까지는 통치에 있어 폭력적 방식을 원하지 않았던 1871년 파리 코뮌29)의 사례를 인용하면서 만일 소수 계급이 쟁점이라면, 그 계급은 독재의 방식으로 권력을 집행하지 못할 것이라고 대답한다. 소수라면 폭력에 호소해야 하고 위원회 권위 하에 강력한 폭력 집단을 결성해야 할 것이다. 그리고 결국, 이것은 소수 집단 독재나 일인 독재가 될 것이다.

그러나 레닌은 [카우츠키가 일인 독재자라고 지적하는] 그 사람이 프롤레타리아의 관심을 정확하게 나타낸다면, 독재는 문제될 일이 아니라고 반박한다.

그러한 입장과 더불어 인간 숭배의 길이 열린다. 또한, 우리는 똑같은 방식으로 히틀러가 '독재자는 민중과 연합되어 있는 한 적법하다'고 말했던 것에 주목한다.

---

29) [역주] 파리 코뮌(1871년 3월 18일-5월 28일)은 프랑스 파리 민중들에 의해 건설된 '사회주의 자치정부'이다. 단기간이었지만 사회주의 여러 정책들을 실천에 옮겼으며, 향후 사회주의와 공산주의 운동의 영감이 되었다. 파리 코뮌 기간 동안 정교분리, 여성 참정권 실현, 아동에 대한 야간 노동 금지 등의 정책 혁신이 추진되었다. 코뮌은 파리 뿐 아니라, 남쪽의 리옹, 마르세유, 툴루즈, 그르노블에까지 확산되었으나 모두 프로이센, 오스트리아 등 인접 국가의 지원을 받은 정부군에 의해[파리는 베르사유의 정부군] 진압되었다. 단기간 실현된 체제이지만, 세계의 기득권층을 긴장시켰던 사건으로 평가되기도 한다. 마르크스도 『프랑스 내전』(안효상 역, 박종철출판사, 2000)에서 파리 코뮌을 영광스러운 훈장에 빗대어 지지했다.

의회 민주주의는 사회주의 실현이 아닌, 사회주의 전파와 선전에 이용될 수 있다.

3.3.4. 카우츠키는 1919년 출판된 자신의 저서 『테러리즘과 공산주의』에서 무엇이 레닌의 이론을 이끌어갈 것인가에 관해 논한다. 그는 서론에서 한 편으로, 케렌스키[30]와 일반 국가들의 평행 구조를 만들고, 다른 한 편으로, 레닌과 자코뱅 당원들의 평행 구조를 만들어 프랑스 혁명과의 비교 지점을 형성한다. 카우츠키는 계속해서 다음과 같이 비교한다. 1917년 쿠데타를 일으켰을 때, 레닌은 보나파르트와 같은 상황에 있었다. 테르미도르의 반동[31]을 피하기 위해 그는 자신의 기획을 점차 변경해야 했고 종국에는 그것을 완전히 포기한다. 카우츠키는 레닌이 1917년의 기획에 충실하게 머물렀다면 시련을 겪게 될 것이고, 그렇지 않으면 자신의 혁명적 기획 전체를 배반하면서 권력을 유지하게 될 것이라고 지적한다. 두 가지 경우 모두 사회주의 혁명의 실패였다.

카우츠키는 레닌이 자신[레닌]의 혁명적 기획을 왜곡시킨 내용들을 나열한다.

1917년의 볼셰비키들은 국회위원 선출을 위한 보통선거를 지지하는 자들이었다. 이듬해 1918년 보통선거는 금지되었다.

볼셰비키들은 사형 반대자들이었으나, 1918년 사형이 복구되었다.

또한, 이들은 국가 민주주의 체제를 반대하는 이들이었지만, 프롤레타리아 민주주의 체제는 지지했다. 그럼에도 1918년에 프롤레타리아 내부에 선거들은 금지되었다.

---

30) [역주] 멘셰비키 지도자. 볼셰비키를 피해 핀란드, 영국, 프랑스, 미국으로 망명.
31) [역주] 프랑스 혁명력 11번째 달인 '테르미도르'에 일어난 쿠데타. 이 사건으로 당대 집권 세력인 '로베스피에르'와 그 일파는 숙청되고, 혁명 주도권은 온건파와 부르주아 세력에게 넘어간다.

1917년 군의 규율, 계급들, 훈장들을 제거했으나, 1918년 모든 군사 제도가 복원되었다.

레닌은 부르주아적 의미의 법 제거를 공언했다. 그러나 동요flottement의 시기가 지난 이후, 그 법은 "제정 러시아의 법은 파기될 것만 제외하고 모두 복원될 것이다!"라는 말과 더불어 복원되었다.1918년 7월

부르주아적 의미의 도덕이 관계들의 자발성으로 대체됨으로 제거될 것이라는 점은 자명했다. 그러나 그것도 빠른 속도로 복원되었다.

1917년 제정 러시아 관료주의도 사라져야 했었다. 그러나 1919년 [관료주의] 정신이 재구성된다.

1917년 연방 공화국들의 독립이 선언되었으나, 우크라이나가 독립을 요구했을 때 적군赤軍의 우크라이나 개입을 막지 못했다.

볼셰비키들은 계급 소멸을 원했으나, 실제로 그들은 새로운 계급들을 만들었고 프롤레타리아 내부에 과거 부르주아적 계급을 만들었다. 또한, 기존 계급들에 하나의 계급을 포개 관료주의를 만들었다.

카우츠키는 "볼셰비키 공화국에서 우리는 누가 노동자이고 누가 노동자가 아닌지 사전에 규정하지도 않고, 오직 노동자들에게만 권리들을 부여할 뿐이다"라고 지적한다. 이처럼 부르주아들은 1917년부터 모든 사람에게 강제 노동을 요구했다. 그러나 부르주아들은 다른 노동자들에 부여된 권리들을 완전히 사유화했다. 그러므로 우리는 실제 어떤 기준을 바탕으로 노동자로 여겨지는지 자문해 볼 수 있다.

그러므로 우리는 볼셰비키 혁명 이후, 관료, 프롤레타리아, 하층 프롤레타리아라는 세 가지 계급이 존재한다는 사실을 확인할 수 있다.

결국, 1918년과 1919년 초에 혁명 기획에서 공표되었던 것 모두를 단념하게 된다. 카우츠키는 "레닌의 성공 원인은 마르크스주의적 사회주의의 실패"라고 표현한다.

3.4. 레닌의 응답

그의 대답은 다음의 세 가지 책에 요약되어 있다.

– 『무엇을 할 것인가?』*Que faire?*, 1902
– 『한 걸음 앞으로, 두 걸음 뒤로』*Un pas en avant, deux en arrière*, 1904
– 『공산주의의 소아병小兒病』*La maladie infantile du communisme*, 1920

3.4.1. 레닌에 따르면, 혁명 마르크스주의 이론은 객관적 조건들과 주관적 조건들을 구별한다.

카우츠키의 오류는 객관적 조건들에 대해 생각하는 데 있다. 가장 주요한 주관적 조건은 '혁명의 필연성에 관한 **대중 의식화 작업**'이다. 이것이 연구의 첫 번째 목적이다. 곧, 대중이 이러한 의식에 근접하기까지 사상 학습을 하는 것이며, 그렇게 함으로 권력을 쟁취하도록 하는 것이다. 더욱이 혁명이 일어나려면, 피압제자들이 자신들의 압제 상황을 의식하고 더는 지배받지 않으려는 것만으로는 충분하지 않다. 지배 계급도 더는 정상적으로 통치할 수 있는 상황에 이를 수 없도록 해야 한다.

하지만, 레닌은 마르크스에게 중요한 부분인 포괄적인 경제적 맥락을 등한시한다.

3.4.2. 레닌에 따르면, 하나의 계급이 혁명적으로 변하기 위해서는 외부의 도움을 받을 필요가 있다. 특히 프롤레타리아의 경우에는 마르크스주의 이론이 그 역할을 한다. 마르크스주의 이론은 부르주아 사회 내부에서 어느 정도의 혁명적 단계를 혁명적 행동으로 이행할 수 있도록 한다. 그러나 우리는 그것을 프롤레타리아 안으로 관통시켜야 한다.

의식화 이전 시기의 혁명 정당은 연설활동parole에 지나지 않는다. 즉,

불의를 고발하고 혁명의 필요성을 논하는 활동에 한정된다. 이처럼 혁명 정당은 민주주의의 정상적 기능을 방해하는 데 기여한다. 또한, 체제가 기능을 지속하는 한, 정당이 권력을 차지할 수 있다. 난점은 역사적으로 정확한 순간을 발견하는 것에 있다.

경제적 조건보다 중요한 것은 노동 계급을 혁명적 힘으로 전환할 수 있는 사회 발전에 대한 이론적, 실천적 이해이다. 노동자 계급은 이론에서 발생한다. 이론과의 결합으로 인해, 노동자 계급은 역사적 실존을 얻게 된다. 혁명적 이론 없는 혁명 정당은 있을 수 없다. 이론과 연계된 혁명적 의식은 노동자의 창조물이 아니다. 노동자들 자신은 혁명을 이해할 수 없다. 노동자들을 해방시켜야 한다는 이론은 이 노동자 계급 외부에서 혹은 다른 사회 계급에서 태어나야만 한다. 노동자 계급 그 자체로는 혁명적 잠재성을 지니고 있지 않다. 왜냐하면, 이 계급은 창조성을 발휘할 수 없기 때문이다. 하나의 사회 계급에 소속된다는 것은 오직 착취자들과의 관계만을 의식하도록 할 뿐이며, 혁명 의식이 아닌 반항에 이르게 한다.

3.4.3. 혁명적 이론은 사회적 관계 전체를 종합해야 하며, 따라서 지식인들의 작업이 되어야 한다. 레닌의 시각에, 지식인은 모든 계급 외부에 위치한다. 따라서 노동자가 한정된 경험만을 가질 수 있는 반면, 지식인은 총체적인 이론적 시각을 가질 수 있다.

혁명을 위해 우리가 조직해야 하는 것은 바로 혁명가들이지 노동자들이 아니다. 레닌의 판단에, 지식인들과 혁명가 범주에 있는 자들은 사회적 차원보다 더 중요한 자신들의 정치적 차원을 유지하는 독자적 위치를 갖고 있다.

사실상 레닌은 '**정치적 현실, 혁명적 정당**' 과 '**사회적 현실, 혁명에 이**

를 때까지 생산의 감옥에 감금되어 있는 노동자 계급'을 구분한다. 당은 프롤레타리아의 관심 사항들에 대해 책임을 진다. 당의 가치는 [마르크스주의] 이론과 일치 여부에만 있는 것이 아니라, 노동자 계급의 구체적 투쟁을 조직해내는 능력에도 존재한다. 혁명 정당과 노동자 계급의 연결은 혁명적 위기의 순간에 형성된다.

이러한 원리들을 바탕으로, 레닌은 카우츠키를 기회주의자, 노동자주의, 인민주의라고 비난한다. 또한, 혁명을 위한 우월한 역할을 부당하게도 경제적 요인객관적 요인에 부여했다는 이유로, 레닌은 카우츠키를 경제주의자라고 규탄한다.

4. 레닌 사상

4.1. 개론

레닌은 마르크스 사상의 본질 요소를 '행동을 위한 사용 가능성'에서 찾았다. 이론은 근본적인 것이 아니며, 행동을 위해 봉사할 따름이다. 우리는 명확하되 상대적으로 단순한 사상을 확보해야 한다. 레닌은 다음과 같은 인상적인 정식들을 활용한다.

- "마르크스의 사상을 강철 덩어리bloc d'acier로 만든다."
- "부르주아의 반동적인 거짓말에 빠지지 않는다면, 우리는 마르크스 사상의 폐쇄된 체계에서 단 하나의 개념도 제거할 수 없을 것이다."
- "마르크스주의는 하나의 성채보루가 되어야 한다."

위의 정식들은 실제로 마르크스주의적이지 않다. 마르크스의 사상은 미묘한 차이들을 고려하는 사상이다. 마르크스주의가 '과학적 사회주의'라는 생각의 창시자는 바로 레닌이라고 말할 수 있을 것이다. 마르크스는 자신의 사회주의를 공상적 사회주의에 대립시킨다. 그러나 마르크스는 레닌이 부여한 것과 같은 절대성을 표방한 사회주의를 주장하지 않았다. 마르크스에게 있어 사회주의가 과학적일 수 있는 것은 자연적 역사 법칙들과 비교 가능한 법칙들을 발견하는 한에서 일 뿐이다. 레닌의 시각에서 볼 때, 역사와 사회 발전에 관한 과학은 마르크스와 더불어 물리학이나 화학에 동화될 수 있는 하나의 학문이 된다. 그러나 마르크스는 결코 그렇게 말하지 않았다.

이 주제에 대해 마르크스보다 더 구체적인 레닌에게, 사회주의란 최종 목적이며 현실 사회 발전의 필연적 결과이다. 다른 여러 곳에서 당대 과학주의에 관해 제기하는 모든 문제들을 거부하는 것과 마찬가지로, 레닌은 마르크스주의에 대해 문제 삼는 일체의 것을 거부한다. 레닌에 따르면, 과학적으로 인식 가능하고 필연적인 사회 진화가 존재한다.

우리는 레닌의 저작을 1917년 이전 것인가 그 이후 것인가에 따라 두 가지 부분으로 구분할 수 있다.

1917년 이전에 레닌은 그리 전문적이지 아니지만, 마르크스주의 철학에 관한 책들을 출판한다. 대표적인 저서로, 『유물론과 경험비판론』[1909], 『경제 낭만주의의 특성들』[1915]이 있다. 또한, 레닌은 마르크스 사상 변형에 다다른 혁명 분석에 관한 서적들을 출판한다. 그에게 있어 가장 중요한 것은 사건들을 이해하는 방법이고, 이러한 방법의 토대 위에서 정치적, 전략적 행동을 구성하는 것이다. 이에 해당하는 저서는 『무엇을 할 것인가?』[1902], 『한 걸음 앞으로, 두 걸음 뒤로』[1904], 『민주주의 혁명에서 사민주의자의 두 가지 전술』[1906]이 있다.

1917년 이후 작성된 저서들은 레닌 자신이 이미 혁명 전략에 대해 세워 놓은 자료들의 종합이었다. 이에 해당하는 저서는 『전술에 관한 편지들』1917, 『공산주의의 소아병』1920이다. 또한, 레닌은 혁명이 구축된 곳이 바로 러시아라는 것을 설명하기 위하여 마르크스 사상에 대한 새로운 해석, 곧 교리적 학설doctrine에 전념한다. 여기에는 『제국주의 : 자본주의 최고의 단계』1916, 『국가와 혁명』1917이 있다. 레닌은 1917년 혁명이 성공했고, 그 혁명이 마르크스주의적이라는 것에 관한 증명을 시도한다. 그러한 이유로, 레닌은 카우츠키가 제기한 아래 질문들에 답하고자 한다.

- 혁명이 단 하나의 국가에서 성공한 이유는 무엇인가?
- 왜 혁명은 농민에 의해 실행되었는가?
- 혁명 이후, 국가가 더 강력해진 것은 무엇 때문인가?

4.2. 학설 내용

4.2.1. 제국주의론

레닌주의는 '제국주의 시대의 마르크스주의'였다고 할 수 있다.

마르크스는 생산력이 발전의 정점에 이르고 생산관계와의 대립 상태에 있을 때, 혁명적 위기가 형성된다고 주장했다. 그러나 1900년에서 1920년 사이의 시기에 생산 수준은 위기 없이도 상승했다. 레닌은 새로운 두 가지 사건의 출현으로 이러한 모순을 설명한다.

- 생산수단과 금융수단의 집중. 레닌이 발견한 것은 생산수단과 금융 자본주의라 불리는 신新 자본주의를 만들어내는 금융수단의 혼합이다. 이 새로운 자본주의가 독점 구조를 부추긴다.
- 세계 전체의 경제적 팽창과 세계적 차원에서 일어나는 경제 제반 요

소들의 상호침투. 레닌은 '국가적 집중화' 뿐 아니라 전 세계에서 일어나는 '국제적 집중화'가 존재한다고 생각한다. 이처럼 자본주의는 마르크스가 예상했던 혁명적 위기들 없이도 발전한다. 또한, 이러한 이중 현상역주: '국가적 집중화'와 '국제적 집중화' 은 복수의 금융자산에 대해 지배력을 행사할 수 있는 일정 경제 성장 단계에 이른 자본주의를 뜻하는 '제국주의'의 특성을 나타낸다.

제국주의는 다음의 다섯 가지 특성을 보인다.
- 독점 기업의 성장, 생산과 자본의 집중화 현상.
- 은행 자본과 산업 자본의 혼합.
- 이 단계에서는 자본 확대가 상품 확대보다 더욱 중요하다. 금융 자본주의는 외국에 투자하면서 세계 지배를 추구한다.
- 우리가 위의 세 단계와 관련되어 있다면, '독점 자본 국제 연합'의 창설을 목도하게 될 것이다. 따라서 제국주의의 특징을 나타내는 기구는 공장이 아니라, 마르크스에게는 부수적인 것에 불과했던 "은행"이다. 레닌의 생각에 중요한 것은 예측 불가능하고 일시적인 팽창이 아닌, 제국주의 경제적 세계의 다양한 집단과 영역에 밀착되어 발생하는 팽창이다.

차후 레닌은 다국적 기업32)과 더불어 세계 경제에 대한 예측avant-goût을 주도하는 국제적 경제에 관해 말한다.

- 결과적으로 자본주의 국가들과 집단들 간에 땅 전체를 분배하는 현

---

32) 자끄 엘륄의 본 강좌가 "세계화"(mondialisation)라는 용어가 유행되기 이전에 있었다는 점을 기억하자.

상이 나타난다. 그 이유는 재정 투자의 성공을 위해 정치-군사적 보호 장치가 필요하기 때문이다. [식민지] 영토 정복은 외견상 정치적일 뿐, 실제로는 재정적 목적을 갖고 있다.

모든 민족국가의 존재 이유는 이러한 재정 발전의 정치적 도움에 있다. 식민지는 협력과 경쟁을 동시에 할 수 있는 독점 자본가들을 위한 경제적 착취 공간으로 바뀌었다. 각각의 집단은 인접해 있는 이웃 집단에 대하여 자신의 영토를 보호한다. 국가를 매개로 각 국가의 금융 담당 집단들 사이에 갈등이 일어나고, [식민지] 점령 경제 집단들 사이의 갈등은 군사적 갈등까지 포함한다. 따라서 제국주의로 인해 전쟁은 불가피한 수순이 된다. 더욱이 전 세계가 총체적으로 체제에 동화되어 있고, 더는 미래의 발전 가능성은 없다. 즉, 제국주의는 '궁극 단계'이다.

그러나 이러한 제국주의 집단의 모든 요소들이 경쟁 관계에 있음과 동시에 상호 연결되어 있는 상황이라면, 혁명적 폭발은 어디에서나 분출될 수 있을 것이다. 혁명이 일어나는 가장 좋은 장소에 대한 조건을 계산하는 일은 더는 필요하지 않다. 어느 곳이든 공격할 때, 우리는 바로 제국주의를 공격한다. 러시아는 실험하기 좋은 땅이다. 왜냐하면, 러시아는 유럽 자본과 금융 투자로 인해 산업 성장을 이룬 '제국주의의 대상'이기 때문이다. 그러나 러시아는 중앙아시아에 가한 식민지 권력으로서 '제국주의의 주체'이기도 하다.

그러므로 레닌은 [카우츠키에 대한] 비판을 형성하던 시기에 다음과 같이 말할 수 있었다. 곧, 카우츠키는 마르크스가 자기 시대에 설명했던 여러 조건들을 출발점으로 삼아 사태를 판단했지만, [카우츠키 시대에는 이미] 마르크스가 제시했던 조건들은 바뀌었다.

4.2.2. 결과들

이 새로운 조건에서 자본주의는 전쟁과 3차 산업 기생으로 인해 약화된다. 실제로 이러한 금융자본주의 세계에서 '유효 가치 생산'은 '3차 산업'에 자리함으로 자신의 중요성을 상실하게 된다. 그럼에도 불구하고, 모든 비생산적 산업은 거추장스럽다. 곧, 그것은 잉여가치를 소비하며, 불균형 상승을 야기하고, 사회 갈등의 심화를 부추긴다. 그것은 더는 유지될 수 없는 상황이 된다.

하나의 계급 사건이었던 '무산계급화'는 세계 모든 국가의 무산계급화 현상과 더불어 보편화된다. 이것은 체제 유지를 위해 그 자체로 거추장스럽고 위기를 심화시키는 군대와 폭력의 강화를 강제하고, 지배와 폭력을 바탕으로 한 국가와 국가 사이에 다양한 형태의 관계를 만들어낸다.

이러한 상황은 노동자 계급, 특히 중산계급을 지향하는 노동자 계급을 위험에 빠뜨린다. 제국주의 금융체계와 전 세계적 착취 현상은 부르주아 계급에 의해 노동자 계급을 붕괴시키는 거대한 초과이윤을 가능하게 한다. 따라서 모든 프롤레타리아가 혁명을 생성할 수 없는 위기에 봉착한다.

식민주의자들의 초과이윤 사용에 따라 식민지 지배 국가의 노동자들 자신이 바로 '착취자'가 된다. 또한, 우리는 어디에서 순수 프롤레타리아를 발견할 수 있는지와 이 프롤레타리아에게 영향력을 미칠 수 있을지 자문해 볼 수 있다. 레닌은 순수 프롤레타리아가 식민지 세계와 산업화되지 않은 세계, 그리고 '러시아'에 존재한다고 말한다.

4.2.3. 민족 문제

마르크스는 계급투쟁이 역사의 동력이며, 민족주의는 부차적인 역사적 우연이라는 하나의 가정에 기초한 국제주의적 사상을 구상했다. 프롤레타리아는 국가 부서에 관심을 갖지 않는다.

민족주의는 부르주아의 발명품이다. 민족의 이름으로 선언되고 자행된 각종 전쟁은 민족주의를 부르주아의 관심사 안에 두었을 뿐이다. 프롤레타리아는 그것에 연루되지 말아야 한다. 프롤레타리아의 적은 바로 부르주아 계급이다.

레닌의 시각에, 민족국가는 생산력의 궁극적 발전으로 인해 매우 협소해진다. 또한, 민족들은 결국, 국제주의로 인해 소멸된다. 그러나 1917년 이후, 레닌은 다음과 같은 이유들로 인해 민족주의적 입장을 보인다.

- 러시아에서 사람들은 국가를 구성하는 여러 민족 개체들의 자주적 결정민족자결을 주장했으나, 결국, 레닌은 이러한 입장과 대립하게 된다. 실제로 레닌은 러시아 국민을 구성하는 각 민족들이 자신들의 특수하고 독립적인 정당을 가질 수 있는지 알고자 물음을 제기한다. 당시 레닌은 전술상 '중앙집권화' 된 공산당을 목표로 하고 있었다. 따라서 여러 국민이 요구했던 민족의 독립은 더는 큰 의미가 없었다.
- 마찬가지로 1918년 레닌은 연방제에 호의적이지 않았다. 곧, 레닌은 "민족국가가 현실 정치 조건들에 부합 한다"라고 주장한다. 그 정치적 조건들이란 이질적 환경들을 점차 강력히 통합하고자 하는 것이고, 혁명 운동이 러시아에서는 여러 민족 개체들 가운데 하나에 의해 정복되지 않으리라는 일말에 근심으로 인해 나타난 것이다.
- 러시아 사례를 따라 유럽 여러 국가들에서 시도된 혁명이 실패한 반면, 혁명은 사슬에 묶여 있는 일종의 반동에 의해 국제화되어야 했다. 이러한 실패 앞에서, 레닌은 스탈린과 더불어 "일국 공산주의"가 될 수 있는 길을 여는 혁명의 민족적 특성을 발견한다.

이러한 입장 표명으로 레닌은 마르크스 사상의 모든 국면을 재차 부정했다.

- 레닌은 세계 곳곳의 민족주의 운동의 중요성을 긍정하며, 이 운동의 지속성을 요구한다. 표면상 민족주의 운동을 통해 민족에 대한 긍정적 가치에 동의하는 것처럼 보이지만, 레닌에게 실제로 중요한 것은 전술적 태도이다. 그는 민족주의 운동의 출현 목적과 다른 목적으로 그것을 이용한다.

4.3. 전략

레닌은 탁월한 정치 전략가이다. 또한, 그의 주요 이론 창출의 토대는 바로 '전략'이다.

레닌은 완전히 마르크스 사상의 틀 밖으로 나온다. 왜냐하면, 마르크스는 대중들의 창조적 자발성을 고려했기 때문이다. 그러나 레닌은 프롤레타리아를 신뢰했다.

우리는 [레닌의] 전략 [개념]을 "프롤레타리아 계급투쟁 방향에 대한 과학"으로 규정할 수 있다. 계급투쟁은 외교전이 아닌, 계급과 계급의 싸움이다. 혁명 수장은 군 수뇌부처럼 생각해야 한다. 더욱이 레닌은 차후 클라우제비츠[33]의 사상까지 공부한다.

레닌에게 두 가지 중요한 요소들이 있다. 첫째는 예비군 이용법을 아

---

33) [역주] 칼 필리프 고틀리프 폰 클라우제비츠 Carl Philipp Gottlieb von Clausewitz (1780-1831). 프로이센의 군인이자 군사 이론가이다. 저서로 『전쟁론』(Vom Kriege)이 있다.

는 것이며, 둘째는 공격 순간, 공격 지점을 정하는 방법을 아는 것이다.

4.3.1. 예비군 이용

군대는 예비군을 필요로 한다. 마찬가지로, 계급투쟁에 참여한 프롤레타리아도 예비군을 필요로 한다. 레닌은 직접 예비군과 간접 예비군을 구별한다.

직접 예비군은 부르주아 계급에 반대하는 투쟁에 지속적으로 활용될 비非 프롤레타리아들로 구성된다. 즉, 어느 특정 조건에 있는 중산층, 농민, 식민지 백성들이 그들이다. 우리는 유럽 프롤레타리아 혁명의 용이함을 위해, 이들을 부르주아 제국주의에 반대하는 전술적 집단으로 활용할 수 있다.

간접 예비군이란 비프롤레타리아 계급들 간의 갈등이나 민족 국가들 사이의 갈등처럼 자본주의를 약화시킬 수 있는 돌발 상황이나 인위적 상황을 뜻한다. 또한, 모든 전쟁은 사회주의의 전진을 가능하도록 한다. 또 다른 간접 예비군이 있다. 바로 사회적 불화이다. 우리가 사회적 불화를 낳기 하기도 하고, 사회적 불화가 "인위적 소요 사태"를 만들기도 한다.

4.3.2. 순간 선택과 장소 선택

전략은 혁명을 일으킬 공세 지점을 정한다. 곧, 우리는 "사슬의 가장 취약한 고리"를 공격해야 한다.

다음의 6가지 조건들이 결합되는 경우가 최적의 공격 순간이다.

1. 대립된 파벌로 인한 부르주아 계급의 분열.
2. 중산층의 빈곤화.
3. 적대적 반동들을 낳는 제국주의의 발전. 적대적 반동들은 혁명의 세

계적 성격을 준비하게 만든다.
4. 프롤레타리아 계급들의 연합.
5. 부르주아 체제 내의 기식자寄食者 증가, 즉 자본주의를 허약하게 만드는 사회의 비생산적 요소들관리, 군대의 증가.
6. 자본주의 체제 마비를 야기하는 사회-경제적 부패. 이는 국가는 금리 생활자가 되어 가고, 부가 점차 부유층에 흡수되며, 부의 사용 가치가 하락하는 경우를 말한다.

4.4. 전술

전술은 전략의 응용과 실천 단계를 말한다. 혁명적 시각에서 투쟁 양식을 선정하는 것이 관건이다.

실천 행동 양식 일체의 사용법 습득을 뜻하는 전술에는 '프롤레타리아 견인' 이라는 역할도 포함된다. 또한, 전술은 후퇴하는 만큼 전진하는 일관성 유지밀물과 썰물 전술도 포함한다. 실제로 가장 큰 난점은 뒷걸음치되, '일사분란' 한 뒷걸음이 되도록 하는 데 있다. 왜냐하면, 프롤레타리아 조직 구성이 가장 손쉽기 때문이다. 사실상 단번에 성공하는 혁명이 드문 것처럼, 프롤레타리아에게 수년간 지속적인 노력을 기울여 달라 요구할 수 없다. 패배감과 실망감을 막기 위해, 프롤레타리아에게 '물러남' 과 '휴식' 이 허용되어야 한다.

또 다른 시각에서 보면, 모든 전술 활동은 부르주아 계급 및 자본주의를 난관에 봉착시킨다는 목적을 가져야 한다. 이 점에서 레닌은 노동자들의 노동시간 감축과 노동 환경 개선 및 현실적 임금투쟁이 중요하다고 생각하는 '조합주의자' 들에 반대한다. 조합주의자들의 이러한 요구는 자본주의를 난관에 봉착시킨다는 틀에서만 그 중요성을 갖는다. 그러므로 조합주의자들은 자신들의 목표들을 '투쟁수단' 으로 생각해야 하지,

'달성가치'로 여겨서는 안 된다. 레닌은 혁명적 실용주의 개념을 이처럼 설명했다.

사실, 행동은 여러 원리 원칙에서 영감을 얻지 않아야 한다. 오히려 행동은 전략과 전술이 바르게 적용된 결과이어야 한다. 개혁개량주의와 좌익 공산주의가 분화가 바로 이 지점에서 등장한다.

전자는 일련의 개혁들을 통해 공산주의 사회에 이를 것이라 생각한 반면, 두 사회 간의 폭력적 단절이 필요하다고 생각한다. 이들이 말하는 원칙이란 "대재앙과 같은 원칙"principe catastrophique에 지나지 않는다.

반대로 후자는 '직접적 혁명'을 원했다. 그들은 전략에 대한 질문들을 최소화했다. 사실상 이들의 입장은 '블랑키주의'[34]이다. 그러나 점진적으로 혁명을 준비하기 위해 부르주아 사회에서의 일시적 생활이 필요하다. 또한, 부르주아 자본주의 사회를 약화시키고 그 내부를 침식하기 위해, 의회 제도를 활용해야 한다. 때때로 혁명 역량에 휴식을 제공할 여러 개혁을 선전하기 위해, 민주주의가 부여한 여러 수단들도 활용해야 한다.

4.5. 혁명 실용주의

4.5.1. 모든 전술은 반드시 실용적이며, 상황을 따르고, 실제에 대한 관찰에 의존한다. 멈추지 않고 경험을 통해 교훈을 도출하는 것은 타당한 일이다. 특별히, 혁명 전술은 이전 혁명 운동들에 대한 분석에 기초한다. 레닌은 파리 코뮌과 1905년 러시아 혁명에 관해 연구한다.

---

[34] [역주] 블랑키주의Blanquisme는 프랑스 혁명가 루이-오귀스트 블랑키(1805 1881)의 실천 원리를 말한다. 블랑키의 목적은 소규모 엘리트 계층으로 구성된 비밀 결사를 조직하는 것이었으며, 이 조직이 혁명적 독재를 따라 자본주의 국가권력을 대체하기 위한 봉기를 담당하는 역할을 한다. 종교 및 계급사회의 오랜 전통 속에서 종속을 경험한 대다수의 민중들은 자신들에 대한 진정한 이해와 인식에 이를 수 없다고 생각했다. 이 운동 사조(원리)는 향후 마르크스와 레닌에게도 일정 정도 영향을 미쳤다.

이러한 전술의 사용은 외견상 때때로 모순적 태도, 투명하고 지속적인 기획 설정의 불가능성, 무력 사용을 무시하지 못하고 그것을 사용하는 방향으로 전개될 수 있다. 달리 말해, "선은 프롤레타리아에 봉사하는 것이고, 악은 프롤레타리아를 해치는 것이다." 그러나 이러한 실용주의가 여러 환경과 연결되어 있는 한, 우리는 기회주의라는 비난에 다시 빠지지 않겠는가? 이러한 비판에 대하여, 레닌은 실용주의와 기회주의 사이의 세 가지 차이점을 강조하며 자신을 변호한다.

첫째로, 기회주의는 여러 환경에 따라 교리 변경을 끌어가지만, 실용주의는 장기적 목표들을 세우고 불변 교리를 유지한다. 더불어 실용주의는 대중에게 전달되지 않을 것이다. 또한, 우리는 대중에게 다양성 있고 장기적 목표들을 위한 수단들을 제시하는 전략을 전달할 뿐이다.

둘째로, 기회주의는 최종적 각색을 통해 혁명 실천프락시스을 변경하는 반면, 실용주의는 이에 대한 융통성을 갖고 있다.

마지막으로, 기회주의는 하나의 인간이다. 이 인간은 상황에 대한 객관적 분석에 소속되지 않는 주관적 생각들의 결정 사항으로 들어가게 한다. 즉 기회주의는 열정, 분노, 동정을 따라 행동할 것이다. 그러나 마르크스주의는 자신의 신념들이나 개인적 감정들을 생각하지 않아야 하고, 자기 친구들까지 제거하는 일에 한 치의 망설임도 없어야 한다.

4.5.2. 예를 들어, 민족주의 문제에 관하여 공산당은 전략적 단계에서는 그 자체로 민족주의를 반대하지 않는다. 비록 외견상 반동 정치를 지지하는 형국이 되지만, 당은 자본주의 국가들 사이의 전쟁을 일으킬 목적으로 혹은 피압제국과 식민지 국가의 요구를 지지해 줄 목적으로 민족주주의자가 될 수 있을 것이다. 영국인들은 1911년 예멘의 일부 지도자들과 대립했을 때, 전술된 방식으로 아라비아를 점유했다. 따라서 레닌

은 공산주의자들의 역할은 이러한 지주들을 돕는 것이었는데, 그 이유는 예멘의 지도자가 자본주의의 잉글랜드보다 덜 위험했기 때문이라고 평가했다. 따라서 민족주의는 교리에 대한 어떤 신조가 아니다. 민족 그 자체의 배치를 법은 절대적이지 않다. 오히려 그것은 "세계 사회주의 집단의 한 조각"이다. 또 다른 사례가 있다. 1907년 오스트리아-헝가리 제국에 대해 반란을 일으킨 체코인들은 레닌이 거부했던 국제 노동자 연맹 Internationale의 지지를 호소했다. 그 이유는 오스트리아 제국의 약화가 사회주의에 더 위험한 적수로 여겨지는 차르의 입지 강화를 가져오리라 판단했기 때문이다.

4.5.3. 민주주의는 공산주의 신앙의 신조는 더더욱 아니다. 즉, "민주주의는 그것이 프롤레타리아 독재로 가는 지름길이 되는 한에서 유용할 따름이다." 혹은 "그것이 부르주아 사회를 황폐하게 만드는" 경우에 유용하다. 실제로 자유 민주주의는 무력 사용에 주저한다. 그러므로 공산당은 민주주의가 부르주아 정치 체제의 일부를 구성하고 있다는 뜻에서 반反민주주의적일 것이며, 민주주의적이지 않은 공산주의 사회와의 교리적 연관성을 갖지 않는다.

4.5.4. 농민과 관련하여 중요한 것은 그들을 "프롤레타리아 예비군 집단"으로 전환하는 것에 있다. 따라서 사회주의 사회 내 농민 지도자 발굴이 중요하다. 1917년 "농민들에게 토지를"이라는 행동 강령이 해당 사례가 될 수 있을 것이다. 그렇다면 이것은 프루동 사상으로 회귀하는 것이 아닌가? 이러한 선전 구호를 믿는다는 것은 기회주의적 태도일 것이다. 왜냐하면, 이러한 토지 분배는 농민을 공산주의 운동에 근접시키는 것이 목적이며, 단지 전술적인 것에 국한되기 때문이다. 레닌은 다음과 같

이 분명히 말한다. 토지 분배 실행은 먼저 농민들이 자신들에게 할당된 토지 일부분에서 주거하지 못하도록 한다. 다음으로 농민들이 토지 공동경작을 수용하도록 유도하여, 결국, 집단화를 수용하도록 해야 한다.

또한 이러한 토지 분배 실천은 1947년에서 1950년까지 폴란드와 루마니아에서 일어났던 것이기도 하다. 초반에 농민들은 [이러한 정책에] 매료되었으며, 공산당에 자신들의 목소리를 전달했다. 이후 자신들의 생존이 지속될 수 없다는 것을 확인하면서, 농민들은 결국, 농지의 집단화에 참여하기 위해서 서로 연합하는 것을 수용하게 된다.

4.6. 공산당, 전술적 도구

4.6.1. 레닌은 재차 프롤레타리아 독재를 부정하지 않으며, 프롤레타리아라는 용어의 두 가지 의미를 구분한다.

첫째로, 이미 마르크스가 언급한 '경제적 프롤레타리아'가 있다. 둘째로, 마르크스가 언급했으나 비중이 크지 않았던 용어인 '혁명적 프롤레타리아'가 있다. 경제적 프롤레타리아는 비조직화, 무관심, 신체-정신적 두려움으로 인해 혁명을 일으킬 수 없다. 경제적 프롤레타리아에게는 교육과 지도가 필요하다. 왜냐하면, 이들은 혁명을 위해 활용되어야 하고, 혁명적 프롤레타리아 즉, 공산당이 되어야 하기 때문이다.

당은 전위avant-garde가 되어야 하지만, 프롤레타리아 대중과도 결코 분리되지 말아야 한다. 당은 무수한 지지자들과 더불어 혁명을 일으키겠다는 생각을 하지 말아야 한다. 혁명을 일으킬 집단은 분명히 '프롤레타리아'이지만, 동시에 그들은 '전위'를 필요로 한다. "두 걸음 앞으로, 한 걸음 뒤로"deux pas en avant, un en arrière 레닌의 이 정식에서 '뒷걸음'은 프롤레타리아 대중과 당의 관계를 더욱 공고히 하는 쪽을 지향한다.

당은 프롤레타리아 조직의 요소가 되어야 한다. 즉, 당은 중앙집권적이고, 유일하며, 관료주의적이되, 반反분파주의적이어야 한다. 당은 노동자 계급의 모든 조직을 장악해야 한다. 실제로 노동자 계급은 자신들 고유 조직들조합syndicat, 상호공제조합mutuel, 협동조합coopérative 등을 만들며, 이들 중 그 어떠한 것도 결단코 당에서 벗어나지 말아야 한다. 달리말해, 이것이 바로 잠입공작세포조직 noyautage 전술이다. 공산주의자들은 모든 노동 조직 속에 침투한다. 그들은 당의 지시를 중요하게 다룰 수 있을 부서에 들어가야 한다.

마지막으로 당은 '프롤레타리아 독재 도구'가 되어야 한다. 일단 혁명이 일어나면, 당은 이 프롤레타리아 혁명의 실질적 지도자가 될 것이다. 대중들이 자신을 지도 할 수 없기 때문이다.

결국 이것은 1917년 이후로 러시아에 더는 소비에트들soviets이 존재하지 않는다는 것을 뜻한다. 그러므로 "소비에트 연합"이라 불리는 것 역시 '기만적'이다.

4.6.2. 우리는 그것을 "민주주의적 중앙집권주의"centralisme démocratique 라고 부를 것이다. 이것은 레닌에게서 나온 정식이 아니라, 레닌 사상에 대한 훌륭한 하나의 해석이다. 이 용어는 '위에서 아래로' 또는 '아래에서 위로' 가는 이중적이고 항구적인 운동을 가리킨다. 당은 기층 [민중]의 현실과 수뇌부가 선택한 결정에 대한 그들의 반응을 전적으로 고려하면서 중앙집권화 되어야 한다. 당은 민주주의적 중앙집권주의를 보강해 주는 자아비판을 통해 끊임없이 각성해야 하며, 관료주의적 타성에 젖지

않도록 그것을 유지해야 한다. 레닌의 시각에서 볼 때, 자아비판은 패배한 진영 지도자가 하는 것이 아니라, 당 지도자가 몸소 하는 것이다. 이러한 자아비판은 당원들의 자유로운 발언으로 지도자들의 운영과 결정에 대해 의견 개진한다. 당의 모든 구성원들은 어떤 특정 지점에 대해 잘못한 당 서기장書記長을 비난할 수 있다. 만일 잘못된 비판을 한다면, 그 행동은 처벌 받을 것이다. 이러한 자아비판은 가장 좋은 전술적 선택을 위해서는 당 내부 구성원 전체의 목소리가 높아질 수 있다는 것을 함축한다. 그러나 하나의 전술적 선택이 이루어지고 난 후, 그 선택을 바꾸는 것은 더는 불가능하다. [다수자의 의견에] 반대표를 던진 소수자는 다수자가 선택한 사항들을 따라야 할 것이다.

이처럼 조직된 당은 위험하지 않으며, 유능하고 확실성을 갖춘 구조를 생성했다. 당 지도자로 자신의 오류에 대해 인식할 수 있는 레닌 정도의 강하고 정직한 인간됨의 소유자가 더는 나타나지 않자, 당은 권위적이고 전제적인 체제가 되고 말았다. 이러한 위험 요소를 자각한 레닌은 자신의 생에 말년에 몇 가지 빗나간 요소들, 특히 관료주의적 일탈을 경계했다. 오늘날에도, 문제들은 바뀌지 않았다.[35] 공산주의 전술 또한, 그대로 남아 있다.

5. 베른슈타인과 레닌에 반대하는 로자 룩셈부르크

폴란드 출신으로 결혼과 더불어 독일로 귀화한 로자 룩셈부르크는 1905년 혁명에 참가한다. 이 후, 스파르타쿠스 동맹을 결성하고, 투옥되

---

35) [역주] 엘륄의 본 강좌가 1949년에서 1979년 사이에 이루어졌다는 점, 그리고 편집자들이 주로 활용한 강의 자료가 1960년대 후반 자료와 1970년대 중후반 자료라는 점을 고려하라.

며, 1919년 암살된다. 로자는 베른슈타인과 카우츠키의 주장에 반대했던 탁월한 이론가이다. 레닌에 관해 로자는 보통 매우 비판적 입장을 취했으나, 1917년 혁명과 같은 특정 시기에 관해서는 호의적이었다.

5.1. 로자 룩셈부르크[36]의 베른슈타인 비판

5.1.1. 로자의 베른슈타인 비판은 1898년 저작인 『사회개량이냐 혁명이냐』에 나타난다. 로자 룩셈부르크는 발전과 적응력을 통해 자본주의 붕괴에 대한 생각을 피할 수 있다고 보는 베른슈타인의 사고는 오류라고 평한다. 로자의 시각에, 혁명은 자본주의 발전이라는 사실에서 나오는 하나의 역사적 필연이다. 그러나 자본주의가 자신의 궁극적 위기를 지연시킬 수 있다면, 사실상 사회주의의 객관적 필연성은 지속되지 않을 것이다.

로자는 생산 수단들의 사회화는 자본주의 여러 구조들과 호환 가능하고, 그것을 통해 바로 사회주의로 나아가지 않는다고 생각한다.

우리는 사회주의에 호의적인 이상주의적 동기가령 프롤레타리아 내부에 계급의식의 진보와도 접촉할 수 있을 것이다. 그러나 마르크스는 이상주의적 동기들로 역사적 운동을 규정할 수 없다는 것을 보여주었다.

로자 룩셈부르크는 자신만의 독특한 추론의 형태를 통해 수정주의의 딜레마를 다음과 같이 설명한다. 곧, 사회주의의 도래가 실제로 자본주의의 모순에서 나온 결과라면, 자본주의가 발전할수록 그 모순들은 더할 것이다. 혹은 자본주의에 대한 적응력이 더 강해진다면, 사회주의는

---

[36] 로자 룩셈부르크(Rosa Luxemburg, 1870-1919)는 폴란드 사회당에서 활동했고, 폴란드에서 추방된 이후 스위스에서 정치경제학을 공부했다. 그 뒤로 독일 사회당에서 활동했으며, 당내에서 경제 문제들에 관한 중요한 역할을 담당했다. 1914년 전쟁[역주: 제1차 세계대전]에 반대하여, 전쟁 기간(1914-1918)의 대부분을 감옥에서 보냈다. 1918년 석방 이후, '스파르타쿠스 동맹' 지도자의 일원이 되어 자신의 혁명 활동, 사회주의 혁명 운동을 이어나간다. 1919년 1월 혁명 활동 탄압 과정 중 피살된다.

'유토피아가 되기 위한 역사적 필연'으로 존재하는 것을 멈추게 될 것이다.

그러므로 사회주의는 하나의 유토피아가 아니며, 베른슈타인의 이론은 오류이다. 그렇지 않다면, 수정주의가 자본주의 발전에 관해서는 옳다 해도 사회주의로의 체제 변동은 이상적이고 유토피아적일 것이다.

5.1.2. 로자 룩셈부르크는 베른슈타인이 설명했던 자본주의에서 사회주의로의 이행 양식들을 길게 분석한 뒤, 그 양식들의 적용 불가능성을 제시한다. 베른슈타인의 양식이 적용 불가능한 이유는 그의 이론이 부정확한 분석에서 생성되었기 때문이다.

첫째로, 노동조합들의 발전로자 룩셈부르크는 프랑스가 아닌 독일에 있는 조합들의 사례에 의존하고 있다은 혁명 투쟁에 어떠한 것도 가져다주지 못했다. 왜냐하면, 조합들은 임금 인상이나 노동 시간 감축을 요구하는 것으로 만족했기 때문이다. 만일 그들의 요구사항이 충족되면, 혁명적 압박은 약화될 것이며 노동자 계급을 위해 획득했던 개선점도 자본주의의 틀 안에 머물러 있게 될 것이다. 로자는 다음과 같이 평가한다. "조합주의 활동은 혁명을 지연시킨다."

둘째로, 로자 룩셈부르크가 볼 때 베른슈타인이 실행하려는 [수정주의적] 사회 개혁개량들은 [혁명적] 사회주의가 아니다. 그것은 단지 자본주의를 위험에 빠뜨리지 않고 가장 효과적으로 기능하도록 하는 "사회 행정 기구"의 새로운 양태일 뿐이다.

셋째로, 베른슈타인은 자본주의 경제에 대한 사회주의 정당들의 일부 친화적 행동을 인정한다. 또한, 그는 이러한 합법적 행동이 사회주의로의 이행을 용이하게 만들 것이라 생각한다. 로자 룩셈부르크의 시각에, 자본주의 국가가 자본주의 기업들에 손해를 가져다주기를 바라는 일은 망상에 지나지 않는다. 사민당의 행동은 사회주의 사회 건설을 불가능하게 만든다. 왜냐하면, 이 정당[사민당]은 사회주의로 가는 길과 양립될 수 없는 부르주아적 규범들과 더불어 부르주아 정치의 틀 내부에서 활동하기 때문이다. 사민당의 유용성은 노동자가 자기 노동력을 현재보다 더 낮게 인식할 수 있는 가능성을 열어준 것 밖에 없다.

마지막으로, 민주주의의 부단한 진보를 통해 사회 민주주의를 지향하는 베른슈타인의 희망은 전형적인 부르주아 이념이다. 실제로, 민주주의 체제는 다른 체제보다 우월한 체제가 아니며, 모든 정치 형태와 마찬가지로 하부 구조에 속한 요소들의 집합 결과이다. 점진적 마비 증상으로 인해, 민주주의는 프롤레타리아 권력 쟁취를 불필요한 것으로 여기지 않고, 그 가능성과 필연성을 인정한다. 그러므로 프롤레타리아는 권력을 탈취해야 한다.

결국 베른슈타인의 네 가지 주요한 생각들은 잘못된 희망에서 비롯된 것이다.

게다가 로자 룩셈부르크는 의식화의 결과로 혁명이 출현할 것이라는 이상주의적 입장을 거부한다. 물론 로자가 프롤레타리아 투쟁의 중요성을 부정하는 것은 아니다. 그러나 [로자는] 프롤레타리아의 역사적 진보의 출현은 바로 노동자 계급 자신에 의한 자기실현의 결과이어야 한다고 생각한다. 이 계급은 현실 사회를 넘어서야만 완전한 자기실현을 이룰 수 있을 것이다. 그 이유는 현실 사회의 발전이 사회주의로 이행할 수 없게 만들기 때문이다.

그러나 로자 룩셈부르크는 프롤레타리아가 실현 불가능한 목표에 따라 자신을 실현해야한다는 의식을 갖기 때문에 어려움이 있다고 말한다. 바로 혁명가의 기본문제를 사회민주주의는 해결할 수 없다.

5.2. 레닌에 반대하는 로자 룩셈부르크

5.2.1. 1917년 이전 비판

5.2.1.1. 로자 룩셈부르크는 레닌에 대한 3가지 비판을 설정한다.

먼저 로자는 1904년 출판된 자신의 책 『중앙집권주의와 민주주의』에서 레닌의 극단적 중앙집권주의를 비난한다. 일종의 행동파 혁명가 집단을 선정해서 활동하고자 하고, 조직화되지 않은 프롤레타리아와 차별된 투쟁 조직체로 혁명가 집단을 구성하려한 레닌에 대해 로자는 유감을 표명한다. 레닌이 소속된 정당에서는 엄격한 규율로 다스리며, 그 규율에 따라 중앙 지도부가 모든 지역 활동에 개입할 수 있다.

중앙위원회는 모든 지역위원회 구성권을 갖고, 구성된 각 기구들의 자리를 부과할 권리를 갖고 있다. 또한, 중앙위원회는 해당 지역위원회의 해산 결정권도 갖고 있으며, 전당 대회 구성까지도 결정할 수 있다.

로자 룩셈부르크에 따르면, 이 모든 것이 하나도 마르크스 사상에 부합하지 않는다. 왜냐하면, 마르크스 사상에서 발전은 프롤레타리아 대중의 종속이나 프롤레타리아들 간의 분리 없이 전 계급의 직접적 행동의 결과로 나타나는 것이기 때문이다. 공산주의 건설은 일개 정당이 아닌 모든 노동자 계급을 통해 이룰 수 있다. 그럼에도, 레닌이 구상하는 것과 같은 형태의 정당은 노동자 계급과 "연결된" 정당이 될 수 없다. 로자 룩셈부르크는 블랑키식의 권력 획득을 찬양하는 레닌을 비난한다.[37]

또한 로자 룩셈부르크는 일개 정당으로 인해 관료주의를 만들고, 권위주의적이고 중앙 집권적인 부르주아 국가에서 발견되는 일련의 작동방식을 당 내부에 재생산하는 레닌을 비난한다. 따라서 프롤레타리아들은 일반 부르주아 국가의 시민들과 같은 상황에 놓이게 될 것이다. 레닌은

---

37) [역주] 노동 대중의 총체적 혁명 참여가 아닌 훈련된 소수 지식인 엘리트가 중심이 되어 혁명을 완수하는 방법론.

무엇보다 프롤레타리아들에게 공산당 앞에서 고분고분할 것을 요구하지만, 이미 부르주아 국가는 프롤레타리아들에게 고분고분한 태도를 만들어 주었다. 마르크스 사상에서는 프롤레타리아가 주인이 되어야 하지만, 실제 레닌의 행동은 프롤레타리아가 결정할 수 있는 우선권을 제거하면서 공산주의 운동을 경직시킨다. 로자 룩셈부르크는 노동자 계급에 우선권을 되돌리기 위해서는 레닌이 생각하고 있는 것과 같은 정당을 제거해야 한다고 본다.

마지막으로 로자 룩셈부르크는 레닌의 방침들 속에서 "주체주의"subjectivisme가 재생되고 있음을 간파한다. 로자에 따르면, 레닌은 "전능한 자아"moi tout-puissant를 주체주의의 자리에 재부여 한 것이다. 그것은 "비존재자inexistant처럼 취급받는 인민의 뜻을 고려하여 행동하는 가담자 위원회 형식"으로 이루어진다. 그 때부터, 로자 룩셈부르크는 인격 숭배의 위험에 대한 의식을 갖게 된다. 로자는 레닌이 정당 위치에 대한 결정권을 획득했고, 정당이 역사의 유일한 주체인 노동자 계급을 대체했다고 생각한다. 물론 레닌은 그것을 가장 큰 효율성이라는 이름으로 실행하며, 그러한 면에서 로자 룩셈부르크는 레닌이 타당하다는 것을 인정한다. 그러나 로자의 시각에, 혁명적 효율성에 대한 이러한 연구는 마르크스 사상을 따르는 것은 아니다. 왜냐하면, 노동자 계급은 누군가로부터 [노동자 계급] 자신이 행동해야만 하는 것을 배우지 말아야하기 때문이다. 노동자 계급은 바로 자신들의 경험들과 오류들을 통해 역사 변증법을 배운다.

5.2.1.2. 레닌과 마찬가지로, 로자 룩셈부르크도 1913년 출판된 자신의 저서 『자본의 축적』*Die Akkumulation des Kapitals* 38)에서 만든 개념인 제국주

---

38) [역주] 독일어 원서와 마찬가지로 프랑스어 번역본의 제목은 『자본의 축적 – 제국주의에 대한 경제적 설명』(*L'accumulation du capital, contribution à l'explication économique de l'impérialisme*)이다. 이 책에서 로자는 노동자들과 일부 공산당원들에게 독해가 어려웠던

의의 주제에 개입한다. 로자는 원시적 축적과 팽창된 혹은 무한한 축적 간의 전통적 구분을 출발점으로 삼는다.

마르크스는 자본주의가 위기에 처해 있고, 파국을 향하고 있으며, 급속도로 제한될 것이라 확신한다. 그러나 『자본론』 Ⅱ권에서 마르크스는 확장된 축적 모델과 [심지어] 무한 축적 모델을 설명한다. 곧, 자본주의가 제대로 구축될 경우, 자본주의는 자신의 제작품을 재투자함으로 무한히 실행될 것이다.

로자 룩셈부르크는 이론적 모델을 거부한다. 또한, 축적을 추상적 문제와 같이 다룰 수 없고, 축적의 역사적 조건들을 연구해야 한다는 점을 환기시킨다. 창출된 잉여가치의 한 단계에서, 임금이 모든 생산품 구매를 가능하게 할 정도로 상승할 수 있으리라는 생각은 확실하지 않다. 또한, 개인 자본가들이 모두 소비자일 수 있다는 생각도 명확하지 않다. 그러므로 자본주의 체제는 '자기 생산 역량의 재투자 불가능성'을 체제 내부에 전달해야 한다.

따라서 자본주의는 [당장의] 위기를 피할 수는 있으나, 그 가능성은 무한하지 않다. 왜냐하면, 자본들을 유럽 바깥에 전파함으로, 자본주의는 경쟁자들을 양산할 것이기 때문이다. 비유럽 국가들의 자본주의 발전에 착수하면서, 제국주의는 비자본주의 세계의 마지막 보루들을 제거한다. 자본주의는 사회적 갈등의 증가 및 경제적, 정치적 위기 증가를 내포한 하나의 보편 체제가 된다.

그러므로 자본의 무한한 재생산이란 존재하지 않는다. 확장된 축적이 존재할 뿐이며 자본 붕괴는 필연이다.

마르크스의 『자본론』을 쉽게 풀이하면서, 자본주의와 제국주의가 상생 관계에 있고 자본주의 국가가 비자본주의 국가를 착취하면서 발생하는 '자본축적'의 과정을 제시하고자 한다. 국내 번역서로는 다음 자료를 참고하라. 『자본의 축적 1, 2』, 황선길 역, (지만지, 2013).

레닌이 제국주의에 관한 연구서를 출판했을 때, 로자 룩셈부르크는 제국주의의 미래와 식민지 민중들과 관련하여 [레닌에 대한] 이중 비판으로 나아간다.

먼저 로자는 제국주의 과정은 장벽blocage을 향해 진화해 나가며 혁명 의지와 무관하게 전개된다는 것을 보여준다. 어떠한 혁명적 정당도 이 장벽을 방해하거나 회피할 수 없다. 혁명 정당은 혁명 운동의 결과이지 선재先在 조건이 아니다. 오직 축적의 한계에 이르게 될 때만 정당은 혁명의 도구가 될 수 있다.

다음으로 로자는 식민지 민중들이 자신들의 고유한 프롤레타리아적 상황을 갖고 있다는 점을 제시한다. 식민지 민중들은 자신들의 혁명 실천을 위한 부름에 응하지, 평범한 프롤레타리아에 머물지 않는다. 제국주의 관련 논쟁에서 로자 룩셈부르크는 레닌이 실천과 이론을 분리함으로 기회주의에 빠졌다고 평가한다.

5.2.2. 1917년 이후 비판

5.2.2.1. 로자 룩셈부르크는 레닌에 의해 일어난 혁명 운동에 대한 자신의 동의를 표명한다. 정당의 역할과 관련하여, 1917년 혁명 시작 이전에 독일에서 결성된 스파르타쿠스 동맹을 확실히 언급해 둘 필요가 있다. 스파르타쿠스 동맹은 프롤레타리아를 선도하는 집단이 아니었고, 오히려 프롤레타리아들의 경향을 설명하는 방향으로 나갔다. 이 집단은 권력에 접근하기 위한 혁명 실천을 추구하지 않고, 대중masse이 통치 주권을 얻을 수 있도록 하는 도구가 되고자 한다.

한 편 로자에게 러시아 혁명에 대한 비판적 연구는 [혁명에 대한] 적대감 표출이 아니다. 오히려 과거 마르크스의 입장에서 영감을 얻었듯이, 레닌의 입장에서도 영감을 얻어 건설적 비판을 수행할 러시아 혁명가들과 노동자 계급을 돕는 일이다.

그러므로 "마오쩌둥이 옳다" 혹은 "스탈린이 옳다"라는 식의 주장은 마르크스주의적 태도 가운데 매우 편협한 태도이다.

5.2.2.2. 로자 룩셈부르크는 또 다른 관점에서 1917년 혁명의 구체적 측면들에 관한 자신의 비판을 드러낸다. 1917년 11월에 볼셰비키에 의한 제헌의회 해산과 관련하여, 로자는 혁명의 운명을 부르주아 의회에 맡길 수 없었다고 평가하며 볼셰비키 혁명에 동의를 표한다. 그러나 로자는 부르주아 의회가 차지했던 자리를 프롤레타리아 의회로 대체하지 않았던 레닌에 대해 비난한다.

트로츠키는 민주주의적 제도의 작동방식이 혁명적 운동의 매우 신속한 발전을 수반할 수 없었다고 주장했다. 그에 비해 로자 룩셈부르크는 의회 민주주의의 경우, 민주주의 제도의 작동방식이 혁명 운동 발전에 기여한다는 시각은 정확하다고 주장한다. 그러나 로자는 여론 민주주의, 기층基層 민주주의 단계에서는 제도들이 민주화될수록 대중은 의회에 영향을 미침으로 인해 보다 직접적인 영향력을 행사하게 된다고 본다. 실제로 여론의 압력 하에서 의회는 언제나 실질적 혁명의 척도를 취해야할 의무가 있다. 레닌의 오류는 민중에게 복종을 요구했던 것이며, 민주주의를 제거했던 것에 있다. 압박 수단을 박탈당한 민중은 더는 제도들에 내재된 오류를 수정할 수 없다.

로자 룩셈부르크는 레닌이 하나의 절대 권력을 시작한 것은 옳았다고 인정한다. 그러나 "부르주아 국가는 노동자 계급에 대한 부르주아 계급의 독재이며 사회주의 국가는 부르주아 계급에 대한 노동자 계급의 독재가 되어야 한다"라고 주장하는 레닌에게 로자는 동의하지 않는다. 로자의 시각에, 레닌이 말한 위 공식은 단순하고 부정확한 비교를 하는 것처럼 보인다. 왜냐하면, 부르주아 국가는 제도들과 경제력을 이용하지만, 프롤레타리아 교육을 원하지 않기 때문이다. 반면, 사회주의 국가는 오직 프롤레타리아 교육에 기초해 있을 뿐이고, 이러한 교육은 소수자가 아닌 계급의 독재를 가능하게 한다. 여기에 로자 룩셈부르크와 레닌 사이에 근본적 대립이 있다.

5.2.2.3. 또한, 로자 룩셈부르크는 사회주의가 어떤 구체적인 프로그램의 직접적 적용이 아니라는 것을 강조한다. 그러한 경우라면, 권위주의 국가로 충분할 것이기 때문이다. 로자에게 있어, 마르크스주의적 사회주의란 총체성을 창조하는 하나의 체계이며, "현재는 미래에 대한 [불투명한] 안개 속에 빠져" 있다. "마르크스주의 교과서"는 존재하지 않는다. 그럼에도 레닌은 교과서 하나를 쓰고 말았다! 프로그램을 갖지 않는다는 것은 '취약점'이 아니다. 오히려 그것은 과학적 사회주의가 갖는 '탁월함'이다. 실제로 마르크스는 사회주의 사회가 역사의 산물일 것이라는 사실을 강조했다. 따라서 사태들의 일련의 과정으로 다음과 같은 사회에 이르러야 한다. 곧, 사회주의는 결정되지 않고, 민중이 발산하는 창조적 힘의 결과로 불현 듯 도래한다.

로자 룩셈부르크는 '취사선택 척도'에 대한 두 가지 범주를 구별한다. 첫째로 이전 사회의 파괴와 관련해서, 로자는 독재의 필요를 수용하고 레닌의 방법이 옳다고 생각한다. 반면, 사회 구성과 관련해서는 지적, 정신적 변혁이 필수라는 점을 고려한다. 로자의 평에 따르면, 레닌은 독재에 의해 마르크스주의 사회를 구축하려는 우를 범했다. 왜냐하면, 공포정치는 프롤레타리아의 사기를 저하시키기 때문이다. 또한, '지금 여기'에서 자유로운 존재가 되어야 하는 프롤레타리아라는 버팀목을 빠뜨린 소비에트는 그 자체로 무의미하기 때문이다. 자유는 독재에서 빠져나올 수 없다. 독재 구축은 가능하지 않으며, 자유로운 마르크스주의적 사회주의로의 이행을 위해 독재를 자유롭게 만드는 일도 불가능하다. 레닌이 생각하는 독재 형태는 마르크스주의적 사회주의 사회를 낳을 수 없다. 왜냐하면, 한 체제의 자유로움은 체제 내 인민의 충분한 수긍이 이루어진 경우에만 가능하기 때문이다.

이는 1960년대 소련의 경우이다.

5.2.2.4. 레닌에 대해 로자 룩셈부르크가 갖고 있는 가장 큰 불만은 자기레닌 혁명의 실천 당위성을 정당화하고자 이른 바 '마르크스주의 이론' 제작에 공을 들이는 점에 있다. 레닌이 강압적 환경 속에서, 혁명 기도를 위해 할 수 있었던 것을 실천으로 옮겼다는 것을 로자는 명확히 알고 있었다. 그러나 레닌은 오류를 범했다. 곧, 자신은 필연성에 굴하지 않았으며, 마르크스주의에 대한 충실성을 견지했다는 것을 증명하려는 오류를 범하고 말았다. 우리는 '제국주의 세계에서의 혁명'에 관한 문제가 레닌에 의해 제기되었다는 것을 추호도 의심하지 않는다. 다만 레닌은 '자유 프롤레타리아'만이 해결책을 줄 수 있을 혁명 문제를 해결하지 않았다.

3장. 러시아 마르크스주의

이 장은 마르크스 사상에 대한 이해와 해석에 있어 당대 마르크스주의 사상가들을 지배한 플레하노프에게 주로 할애될 것이다.

1. 플레하노프의 생애와 저작

플레하노프는 1856년에 태어났다. 그의 부친은 농촌의 하층 귀족이었고, 모친의 집안은 제정 러시아의 정계 인사들과 연계되어 있었다. 그는 군사학과 과학을 연구했고, 이후 군 장교와 전문 기술자로 활동했다.

플레하노프의 정치적 소속과 활동은 크게 세 단계로 구분될 수 있다. 첫 번째 단계는 1875년에서 1883년 사이의 인민주의 시기이며, 두 번째 단계는 1883년에서 1903년 사이의 혁명적 마르크스주의 시기이고, 세 번째로 1903년에서 1918년 그의 사망 때까지 플레하노프는 "독립적" 마르크스주의자였다.

1.1. 인민주의 시기

제정 러시아 시대 "좌파" 운동 세력을 구축한 이들은 인민주의자들이었다. 인민주의자들은 자본주의, 전제군주세에 적대적인 입장이었으나,

러시아 구제도의 토대를 폐기하지 않고도 사회주의 체제로 이행할 수 있다고 생각했다. 마찬가지로 인민주의자들은 친 슬라브 사회주의자들이 취했던 "미르"39)의 예를 따른 토지 집단 착취에 찬동한다. 1876년 플레하노프는 노동자 계급의 첫 번째 중요한 시위였던 '인민주의 봉기'에 가담한다.

그로 인해 그는 엄격하고 과단성을 갖춘 중요 인사이자 투쟁적 혁명가인 체르니셰프스키40)를 알게 된다. 이후 플레하노프는 지하 운동에 들어갔으나, 자신이 참여하는 모든 운동들 중 '테러리즘'에 관해서는 '적대적 입장'을 취한다. 마지막으로 1883년에 플레하노프는 인민주의가 시대에 뒤떨어진 제도들에 의존하고 있기 때문에, 반동적·복고적 영향을 받는다고 평가한다. 더구나 인민주의는 플레하노프가 포기한 자유주의 운동 생성을 위한 혁명적 목표를 약화시키고, 단념하게 만든다.

1.2. "혁명적 마르크스주의" 시기

1880년 플레하노프는 엥겔스를 만난다. 그리고 그는 러시아 마르크스주의의 창설자가 되며, 러시아 최초의 마르크스주의 운동인 '노동 해방단'을 결성한다. 이후 플레하노프는 제정 러시아 경찰의 추적을 받아 37년 간 파리, 잉글랜드, 스위스에서 망명 생활을 했다. 망명 생활로 플레하노프는 지성적, 작가적 경향을 드러냈다. 실제, 플레하노프는 철학, 역사학, 문학, 사회학 등 백과사전적 교양을 갖춘 인물이었다. 단언하건데, 그는 당대 이러한 학문들로 무장된 유일한 마르크스주의자였다. 더불어

---

39) 미르(Le mir) : 러시아의 이 제도는 농촌 공동체를 집단적으로 관리했던 농민 집단 지도자들의 협의회를 가리킨다. 16세기에 출현한 미르는 1929년에서 1930년의 집단화 작업과 더불어 완전히 사라졌다. 미르라는 용어는 또한, 공동체 그 자체를 가리키는 말이기도 하다.

40) [역주] 니콜라이 가브릴로비치 체르니셰프스키 Nikolaï Gavrilovitch Tchernychevski (1828-1889). 러시아의 급진주의 언론인, 정치가. 그의 계몽적 소설 『무엇을 할 것인가?』는 당대 젊은 지식인층에 큰 반향을 불러 일으켰다. 레닌의 동명 저서인 『무엇을 할 것인가?』도 체르니셰프스키의 제목에서 가져온 것이다.

그는 마르크스주의를 완전히 구축하는 최초 인물이 된다. 또한, 마르크스주의에서 나오는 모든 결과물을 통해 마르크스 사상 전체에 대한 설명을 시도하고, 작가적 작업 수행을 완성하고자 한 최초의 인물이다. 이러한 그의 노력은 '마르크스주의 반대자들에 대한 반反투쟁'을 항상 수반했다.

플레하노프는 아나키스트들과 아나코-조합주의자들에 맞서 투쟁했다. [플레하노프의 시각에] 전자는 테러 분자들이자 이상주의자들이다. 이들 모두 역사 발전 법칙을 무시한다. 과학적 사회주의자들과 그들 사이의 유일한 공통점이 있다면, 그것은 바로 '국가 제거'일 것이다. 그러나 아나키스트들과 아나코-조합주의자들은 19세기 초반의 "위대한 유토피아주의자"라고 불리는 이들과는 전적으로 다르다. 이들 "위대한 유토피아주의자"들은 말 그대로 유토피아주의자였지만, 과학적 사회주의로 자신들의 사상 방향을 이끌어준 이들이다. 19세기 초반의 "위대한 유토피아주의자"들이 추구했던 것은 바로 마르크스가 창안한 사회과학이다. 그러므로 마르크스 이후의 아나키즘은 퇴폐 사상가들의 부르주아 학설에 지나지 않는다. 마르크스 이후, 우리에게 더는 유토피아주의자가 될 수 있는 권리는 없다.

플레하노프는 자본주의 단계라는 사전 조건을 거치지 않고 사회주의를 실현하고자 하는 인민주의자와의 투쟁에 돌입한다. 그 시기 이후, 플레하노프는 러시아 마르크스주의 운동에 주목할 만한 요직을 차지하게 된다. 1893년 그는 제2인터내셔널 제1차 대회에 대표로 파견되었다.[41] 1900년에는 [러시아 마르크스주의 운동에] 중요한 역할을 맡게 될 잡지

---

41) [역주] 제2차 인터내셔널 '1차 대회'는 '1889년 프랑스 파리'에서 열렸다. 당시 러시아 대표는 플레하노프를 포함 총 6명이었다. 본문의 1893년을 1차 대회로 기록한 것은 엘륄이 강연 중 착각한 것이거나 기록자의 오기誤記로 보인다. 참고로 1893년은 제2차 인터내셔널 '3차 대회'가 '스위스 취리히'에서 열린 해이다.

「불꽃」искра, *iskra* 편집에 참여한다. 이 잡지는 플레하노프 사상 거의 모두를 표현하는 곳이었다. 「불꽃」 출판을 계기로 플레하노프는 레닌과 접촉하게 되고 그와의 공동 작업을 수락한다. 그러나 얼마 지나지 않아 두 사람은 다음 세 가지 지점에서 서로 충돌한다.

- 플레하노프는 프롤레타리아 독재가 마르크스 사상의 본질 요소였다고 주장하는 레닌의 논문을 거부한다. 사실상 플레하노프는 정당과 프롤레타리아의 혼합에 반대한다.
- 또한, 플레하노프는 사회주의 혁명의 경우 바로 '국유화'로 나아가야 한다고 주장하는 레닌의 견해에도 이의를 제기한다. 그는 자본주의 체제 속에 토지는 결정 요소가 아니라는 이유를 들어, 토지 국유화는 실제로 마르크스주의적이지 않다고 주장한다.
- 마지막으로 레닌은 새로운 좌파 운동인 '민주주의적 자유주의'와 직접적으로 대립해야 한다고 주장한다. 이와 반대로 플레하노프는 일정 기간 이 운동과의 전술적 연대가 가능하다고 생각한다. 이 지점이 바로 두 사람 간의 단절이 개입하는 곳이다.

1.3. "독립적" 마르크스주의

플레하노프와 레닌의 의절은 러시아의 사회 민주주의 2차 대회[1903] 이후로 레닌, 트로츠키, 마르토프 등 다양한 경향들의 대립 양상으로 표출되었다. 플레하노프는 혁명 관련 논쟁에서 레닌을 지지한다. 전쟁 문제의 경우, 그플레하노프는 폭력적이고 비민주적 본성에서 혁명 운동을 개시하는 것이 좋을 것이라 판단한다. 더욱이 혁명은 유산자 계급이 갖고 있는 것 전부를 탈취하는 것까지 포함한다.

그러나 이 대회에서 레닌은 총궐기 투쟁 개시에 기초한 당의 지령을 기대했다. 플레하노프는 마르크스주의가 아닌 아나키즘을 환기시키는 것 같은 인상을 주는 총궐기 투쟁에 대한 생각 일체에 적대적 입장을 취했다. 다른 한 편으로, 플레하노프는 총궐기 투쟁이 산업화된 국가에서만 중요성과 효율성을 가질 수 있다는 것을 제시함으로 자신의 입장을 정당화했다. 여러 프롤레타리아 운동들이 가장 중요성을 갖고 있는 곳은 바로 선진국들이다. 만일 이 운동이 중요하지 않다면, 선진국들도 권위주의 체제와 군사적 체제에 좌우될 위험이 있다.

레닌과 다른 참가자들 사이의 논쟁은 멘셰비키들이 사민당을 이탈할 만큼 매우 격렬했다. 이에 플레하노프는 분열에 대한 생각으로 인해 두려웠고, 멘셰비키들에게 「불꽃」의 편집진에 합류하는 길을 열어줌으로 대립적 상황에 있던 이들이 화해할 수 있는 방법을 찾았다. 결국, 레닌은 이 잡지 편집을 그만두기로 결정한다.

플레하노프는 레닌을 공격하지만, 그것은 결단코 단호한 방식을 취하지 않는다. 그는 농민이나 국가 문제에 대한 레닌의 오류들을 규탄한다. 플레하노프는 1905년의 혁명에 반대한다. 그에 따르면 이 혁명은 실패한 혁명이다. 그 이유는 레닌이 민주주의적 자유주의자들과의 연대를 거절했고, 무엇보다 이 혁명은 농민 혁명이며, 농민들은 혁명가가 아니기 때문이다.

그러나 플레하노프는 자신이 "해당파"ликвидатор, liquidateur라 칭하는 이들에 반대하며 레닌을 지지한다. 이들 해당파는 인정된 사회주의 정당 설립을 위해 비합법적 행동 일체를 단념하기 원하는 사민당 구성원들이다. 동시에 플레하노프는 사회주의에 관심을 갖고 있는 지식인들을 공격한다. 그는 마르크스주의는 기본적으로 사회참여를 포함하고 있다고 주장한다. 마르크스주의에 완전히 가담하지 않고 마르크스주의와 연관되려고 하는 이 지식인들에 반대하여, 플레하노프는 자신의 가장 중요한 저서들 가운데 하나인 『마르크스주의의 근본 문제』를 쓴다.

1.4. 전쟁 문제 : 플레하노프와 레닌의 대립

레닌은 개전開戰에 적대적 입장을 취했다. 그에 비해 1914년 플레하노프는 독일 사민주의의 태도에 분개했고, 국가 보호를 위해 러시아 인민들에게 호소했다. 플레하노프는 독일 사민주의가 더는 마르크스주의의 권위를 나타내지 않기 때문에, 러시아가 패한다면 마르크스주의의 쇠퇴가 올 것이라 생각했다. 그는 사회주의의 일차 과제는 독일을 무찌르는 것이라고 주장하면서 자기 계획에 따라 제2차 인터내셔널을 이끈다.

1917년 플레하노프는 망명 생활 37년 만에 러시아로 귀환한다. 그는 두 가지 지점에서 레닌과 대립각을 세운다. 한 편으로, 그는 독일과의 평화라는 결론에 반대한다. 다른 한 편으로, 그는 레닌이 생각하는 것과 같은 프롤레타리아 독재에 특히 적대적이다. 플레하노프는 1917년 혁명이 부르주아 혁명이 되어야 한다고 생각한다. 그는 1917년 혁명이 실제로 부르주아 혁명이었다고 말하는 것이 아니라, 부르주아 혁명이 되어야 한다고 말한다. 그로 인해, 플레하노프는 케렌스키 체제 전복에 반대한다. 달리 말해, 마르크스의 사상에서 부르주아 혁명만이 자본주의 형태의 경제 발전의 출발점을 표시할 수 있고, 프롤레타리아 혁명을 견인할 수 있을 것이다. 또한, 레닌이 케렌스키 체제 전복을 시도했을 때, 플레하노프는 이에 반대했다. 그는 레닌이 프롤레타리아"의" 독재가 아닌 프롤레타리아"에 대한" 독재를 만들고자 한다고 평한다. 결국, 플레하노프는 1918년 자신이 사망할 때까지 러시아에 남아 레닌에 대한 반대 입장을 유지할 수 있었다.

플레하노프의 사상을 특징짓는 것은 바로 그의 '비타협성'이다. 그의 저작 대다수는 "이단자들"에 반대하여 기록된 것이다. 그는 항상 누군가에 반대하는 사유를 했다. 그의 주요 저작들은 다음과 같다. 『우리의 논쟁들』1884, 『역사 일원론 개념의 발전에 대한 시론』1895, 『마르크스주의의 근본 문제』1900, 『예술과 사회적 삶』1912, 그리고 그의 사후 저작인 『러시아 사회 사상사』1919가 있다.

2. 역사 개념

플레하노프는 자신의 저작 『역사 일원론 개념의 발전에 대한 시론』1895과 『역사 유물론』1897에서 역사 개념을 발전시켰다.

2.1. 총론

위 저작들은 마르크스가 역사 철학을 기록할 수 없었을 것이라는 비난에 응답할 목적으로 부분적으로 기록되었다. 다른 한 편으로, 이 당시 무수한 저자들은 다양한 해석을 낳는 여러 저서를 통해 역사에 대한 마르크스주의적 개념을 재구성해야 한다고 탄식했다. 플레하노프 역시 이 책을 저술한 목적은 마르크스의 역사 철학을 설명하는 것과 역사 유물론이 그 자체로 하나의 철학이라는 것을 보여주는 데 있었다. 이후로, 플레하노프에게는 마르크스에게 귀속된 역사 개념이 존재하게 된다. 특별히 플레하노프가 사용한 방법론에 대해 다음과 같이 강조할 필요가 있다. 곧, 플레하노프는 마르크스가 자신[마르크스]의 사상을 공격했던 역사철학자들의 비판을 예측하고 그에 응답했으며, 마르크스를 비판한 저자들이 기술한 체계들은 결코 경제적, 정치적 운동을 설명하지 않는다는 점을 지적한다. 그의 저서의 제목인 『역사 일원론 개념의 발전에 대한 시론』에는 물질과 정신이 대립하는 역사 이원론적 철학들과 마르크스주의 철학을 구분하고, 이상주의적 혹은 공상적 사회주의 형태의 일원론 철학과 마르크스주의를 대립시키려는 플레하노프의 의도가 잘 드러나 있다.

책의 첫 부분을 주목할 필요가 있다. 왜냐하면, 첫 부분은 마르크스 정신이 역사에 관해 가하고 있는 비판들과 더불어 18세기, 19세기의 모든 역사 철학에 대한 하나의 입문서 형식으로 구성되었기 때문이다. 게다가 플레하노프는 부정적 방식으로 비판하지 않는다. 그는 각각의 역사 철학자들은 저마다의 진리를 갖고 있으며, 마르크스주의에 이르기 위해 그 진리를 연장하는 것으로 충분했다고 말한다. 이러한 태도가 마르크스 사상과 연관될 유일한 가능성을 갖고 있다. 사실상 하나의 상부구조인 '철학'의 역할은 사회를 정확히 반영하는 것이다. 또한, 마르크스주의가 사회-경제를 부각시키는 한, 궁극적 문제는 마르크스 사상 안에서 모든 철학이 완벽하게 통합되는 방법을 제시하는 데 있을 것이다. 이러한 방식으로 플레하노프는 왕정복고 시대 프랑스 역사가들의 분석은 개인 상황과 소유 상태가 혼재되어 있었다는 것을 보여주었다. 그러나 플레하노프는 재화의 상태가 인간의 상태를 규정한다는 것을 증명할 목적이라면, 위에 언급한 개념들을 연장하는 것만으로 충분했다고 말한다. 이처럼 왕정복고 시대 프랑스 역사가들은 역사 유물론에 대한 의식 없이도 역사 유물론의 기본 토대를 갖고 있다. 또한, 1830년의 부르주아 철학도 이러한 역사 유물론을 수용했다. 마찬가지로, 후기 헤겔주의자들은 법칙들에 따라 움직이는 일종의 '역사 일반운동'을 전제한다. 실제로, 이 낭만적 이상주의자들은 역사, 특별히 '역사발전 일반법칙'에 대한 정확한 시각을 갖고 있다. 그러나 참된 문제는 이 운동의 존재 이유를 인식하는 것에 있다. 만일 후기 헤겔주의자들이 이 문제를 제기했더라면, 그들은 마르크스주의자였을 것이다. 마지막으로 '공상적 사회주의자들'의 역사철학은 정의의 조건들을 사회 속에서 분석함으로 중요한 사전 작업을 실현했다. 그러나 공상적 사회주의자들은 자신들의 논증을 마감하지 못했고, 이러한 정의를 실현하는 방법들을 제시할 수 없었다.

 마지막으로, 모든 저자들이 긍정적 요소를 부여했지만, 그것은 부분적 요소일 뿐이다. 만일 이들 각자가 자신의 고유 방식으로 문제를 마무리해 갔더라면, 분명히 역사 유물론을 전개했을 것이다. 그러므로 마르크스가 1848년에 쓴 것은 우연이 아니다. 곧, 마르크스는 자기 이전의 역사 철학자들 이후에 도래한다. 그러므로 마르크스주의는 앞서 존재했던 분석들 일체를 종합하며, 그 분석들을 통합한다.

2.2. 마르크스 사상 내부의 역사 도식 – 플레하노프의 견해

 플레하노프가 발전시킨 중심 이념은 다음과 같다. 곧, 뛰어난 역사 법칙들이 존재하지만, 그것들은 인간 밖에서 제기될 수 없다. 더불어 '인간과 인간 사이'에서 이루어지는 여러 관계들 바깥에서 제기될 수도 없다. 따라서 수학적 법칙은 존재하지 않는다. 플레하노프는 역사 발전을 6가지 단계로 분석한다.

 첫 번째 단계는 인간이 절대적으로 물질적 필요들에 종속되어 있다는 것을 보여준다. 생존을 위해 인간은 외부 세계에 맞서 싸워야 하며, 동시에 이러한 외부 세계에 적응해야 한다. 이러한 단계에 있는 인간은 무의식적이며, 자유나 의식에 대한 명석함을 갖고 있지 않다. 도구 제작을 통해 인간은 이러한 물리적 필요에서 차츰 탈피한다. 따라서 도구란 인간의 자연 활동을 가능하게 만드는 일개 수단이며, 도구를 통해 인간은 물리적 욕구를 의식 아래 둘 수 있다. 여기서 의식이란 인간이 자주적 행동 가능성을 취하는 것을 뜻한다. 그러므로 발전의 시작은 '탁월한 도구'이다. 그로부터 자연에 대한 인간의 지배력을 측정할 수 있는 생산력 발전이 시작된다. 그러나 자연이 인간에게 제공할 수 있는 것과 밀접하게 연결된 발전이 중요하다. 사실상 플레하노프의 핵심 사상은 자연은 자기 통제에 필요한 수단 일체를 인간에게 제공했다는 것이다. 이러한 생산력 발전 단계에서, 생산 수준을 결정하는 것은 지리적 환경이다.

두 번째 단계는 다음과 같은 방식으로 설명된다. 자연을 지배하기 위한 노력 속에서 인간은 혼자가 아니다. 인간은 사회적 인간이며, 사회적 인간으로 활동한다. 그러나 여러 생산력들이 서로 조직되는 순간부터 일련의 집단성 구조와 사회적 인간에게 소유물을 부여하는 구조를 결정할 것이다.

세 번째 단계는 사회적 관계들의 형성 이후에 나타난다. 사회적 관계들의 발전은 특별한 법칙들을 따라 만들어진다. 사회적 집단은 사회적 관계들의 특정 법칙들에 의해 진화한다. 이러한 사회적 법칙들은 사회적 집단을 살아있는 유기체, 자연적 몸과 차별화하며 생산력 발전을 가속화하거나 지연시킬 수 있다. 그러나 이후로 인간이 자연 환경에 직접적으로 종속되는 일은 중단되고, 사회적 조건이 양자를 매개하게 된다. 따라서 지리적 환경은 더는 인간에 대한 직접적 영향이 아닌 간접적 영향을 줄 뿐이다. 그러므로 인간과 자연 환경에 있는 관계의 본성은 다채로워진다. 예를 들어, 우리는 산간 지대에서 [단절된 상태로] 사는 자를 민주주의자라고 더 말할 수 없다. 왜냐하면, 관계는 집단의 구조들을 가로지르며 형성되고, 집단은 특별하고 고유한 발전 법칙을 갖기 때문이다. 사회 집단으로 인해, 생산력 발전 속에서 각기 새롭게 진보한 것은 이전 단계에 있었던 것과 다른 본성에 속하게 된다. 실제로 이러한 생산력 발전은 단선적으로 실행되지 않는다. 그 이유는 생산력이 사회를 형성한다면, 사회는 차례대로 이러한 생산력을 변형시킬 것이기 때문이다.

네 번째 단계로, 사회적 조건의 발전은 사회의 고유한 법칙들에 종속되어 있다. 또한, 이것은 사회의 소유물들이 지리적 환경이나 인간 의지에 의존하는 비중이 그리 크지 않다는 것을 의미한다. 실제로 인간의 자유와 집단의 구조들 사이에 일련의 관계가 존재하기 때문에, 생산력이 발전될수록 인간관계는 더욱 복잡해지고 새로운 유형의 인간 종속과 경제적 필연성이 나타난다. 곧, "생산자가 생산의 노예가 된다."

다섯 번째 단계에서, 자연 환경이 인간에게 [환경] '지배 수단'을 제공했던 것과 마찬가지로, 사회적 관계들은 인간을 경제적 필요에 대한 의식으로 이끌어간다. 또한, 인간은 자연과의 연관성 속에서 이미 생산된 것을 사회적 집단과 관련지어 생산할 것이다. 다시 말해, 인간은 경제적 필요에 맞서 싸우기 위해 사회적 집단이 자신에게 제공하는 것을 활용할 것이다. 따라서 새로운 의식화와 새로운 단계가 시작된다.

마지막 여섯 번째 단계로, 인간이 자기 예속화의 원인을 의식하게 될 때, 분명히 사회적 인간은 생산을 자신의 의지 아래 두려고 '생산 조직화'를 시도할 것이며, 이차적 필요신체적 필요를 채운 이후의 경제적 필요는 끝날 것이다.

자유가 시작될 것이며 "그것은 필연성으로서 드러난 자유이다." 플레하노프에게 필연성과 자유 사이에는 환원 불가능한 대립이 아닌, 근본적 연관성이 존재한다. 따라서 그것은 "역사의 서막의 끝"이다.

2.3. 하부구조와 상부구조의 상호작용 문제

플레하노프에게 있어 위 문제는 본질적인 문제이며, 마르크스 연구가들의 추상적 혼합을 보여주는 것만큼 중요하다. 마르크스에게는 우선적으로 생산을 위해 주어진 특정 시간에 인간이 보유하고 있는 수단 일체를 뜻하는 '생산력'이 존재한다. 다음으로 '생산관계'가 존재한다. 이는 일련의 생산력을 바탕으로 하여, 우리가 생산과 더불어 구축된 법, 도덕, 종교 같은 것을 인간적 관계들로 구성하는 것을 말한다. 마지막으로 생산력과 생산관계 이후, 우리는 '이데올로기'를 발견한다. 곧, 인간은 이러한 생산력과 생산관계를 해석하고, 오류들을 해석한다. 플레하노프는 이러한 다양한 요소들 사이에는 지속적인 상호 작용이 있다는 사실을 강조한다. 그러나 대다수의 역사 개념들에서 우리가 '구별 짓기'를 한다면, 그 개념들은 이중적일 것이다. 이처럼, 한 편으로는 정치 경제가 있을 것이고, 다른 한 편으로는 정치 경제과 무관하게 활동하는 철학이나 신학과 같은 두 영역이 있을 것이다. 우리는 또한, 다른 요소들을 낳는 다양한 요소들이 존재하고 있음을 고려할 것이다.

플레하노프는 그러한 구분이 역사 이원론이 아닌 일원론에 부합한다고 주장한다. 역사 속에 활동하는 힘들의 다원성^{pluralité}은 존재하지 않는다. 현상의 모든 측면은 "역사의 유일한 운동"에 귀착된다. 마찬가지로, 정치 경제와 심리학은 하나의 똑같은 현상의 두 측면을 구성한다. 즉, 삶의 생산이다. 몇 가지 기본적 결과들은 삶에서 시작하는 것들이다. 일례로 사회 속에 생산관계들의 변형을 이끌어 가는 발전이 존재하는 것처럼, '최저열자들' les plus désavantagés 플레하노프는 매우 협소한 용어인 프롤레타리아라는 용어를 사용하지 않는다이 미래의 생산관계 유형들을 선택할 것이다. 또한, 그들은 '현재 창조되고 있는 자들'과 '희망을 짊어질 자들'에게 나아갈 것이다. 더욱이 이들은 생산관계를 지향하는데, 그 생산관계는 아직 현존하지 않으나 곧 역사운동의 연속성에 따라 필연적으로 창조될 것이다.

이처럼, 경제적 혁명에 앞서 존재해야 할 정신적 발전이 있다.

플레하노프의 이러한 주장은 새로운 이데올로기들이 존재한다는 것을 뜻한다. 더불어 그에게 이 새로운 이데올로기들은 마르크스의 변증법적 유물론을 엘베시우스[42]의 "감각론적 유물론" 혹은 '형이상학적 유물

---

[42] [역주] 클로드-아드리앙 엘베시우스 Claude-Adrien Helvétius (1715-1771). 프랑스의 철학자, 시인, 교육사상가이다. 인간의 육체적 감각을 매우 중요하게 여겼고, 모든 사람이 배우는 능력은 똑같다고 생각했으며, 교육에 따라 인간문제의 해결 가능성은 무한하다고 주장했다. 대표적인 저서로 당대 지성인 사회에 큰 비판을 받았으나 대작으로 평가되는 『정신론』(De l'esprit)이 있다.

론'이나 텐[43]의 '지리적 유물론'과 구별할 수 있도록 했다. 왜냐하면, 엘베시우스 유물론이 갖고 있는 '지고의 가치'와 텐이 말하는 '풍속들의 상태'를 형성하는 토대는 결과적으로 이미 부여된 사회 체제와의 상호 의존 관계 속에 있는 것에 지나지 않기 때문이다.

플레하노프는 다음의 사실들을 강조한다. 곧, 생산력 진보는 생산력의 상태에 따라 규정된다. 그리고 이것은 모든 사람에게, 인간사 모든 순간에 해당한다. 기술은 목적이 아닌 인과 과정을 따라 진화^{발전}한다. 경제 발전은 경제력에 따라 실행되는 것이지 주어진 어떤 목적에 따라 실행되는 것이 아니다. 경제력에 부여된 중요한 역할은 이성과 지성에 귀속됨으로 인해 결코 축소되지 않는다.

유물론은 이러한 이성과 지성이 어디에서 비롯되는지 설명하지 않는다. 또한, 어느 순간에 주어진 이성과 지성이 다른 방식이 아닌 자신들의 방식대로 작동하는지에 대한 증명을 시도한다. 플레하노프는 생물학적 유물론을 거부한다. 본질적인 것은 이해의 문제이다. 다시 말해, 인간 지성에 부여된 실제적 문제란 인간 지성이 왜 그리고 어떻게 설명하는지를 아는 것과 그 지성이 무엇을 부여하는지를 아는 것이다. 그러나 플레하노프에 의하면, 인간의 지성과 이성은 생산성과 이 생산성의 유형에 따라 작동한다. 결정 요소는 도구 안에 있다. 그 도구로 인해 인간은 자신의 생산력에 따라 환경을 바꾼다. 바로 이 요소가 이러 저러한 방향으로 인간 지성의 실천을 견인한다. 마찬가지로, 모든 사회는 다양한 사회적 욕구 해결에 가장 가능성이 높은 정치형식을 제작하는 일과 밀착되어 있다. 일개 사회에 국한되지 않고, 모든 제도들이 유용성을 확보하는 일은 인간과 인간 사이에 있는 생산관계와 생산양식에 따라 구성되는 여러 관

---

[43] [역주] 이폴리트 아돌프 텐 Hippolyte Adolphe Taine (1828–1893). 프랑스의 실증주의 철학자이자 역사가이다. 지식 일체는 감각기관을 통한 경험, 관찰 및 실험에 바탕을 두어야 한다는 신념이 있었다. 대표적인 저서로 2부작 『지성론』(*De l'intelligence*)이 있다.

계들에 달려있다. 인간이 일련의 다양한 관계들 속에 존재하면서 각각의 인간관계에 최적의 체계를 구축할 수 있는 이유는 바로 생산양식들 때문이다. 그러므로 법은 이상적 토대를 갖지 않으며, 초월적 정의 이념의 틀에 의해 창조되지 않는다. 사회 구성원들이 갖고 있는 이상적 욕구들에 최대한의 만족을 주는 것이 바로 '이상적인 것' 이다. 따라서 인간은 경제적 필요 뿐 아니라, 인간 자신이 갖고 있는 이상적 필요에 부합하는 정치 체제를 건설한다. 그러므로 그릇과 내용물을 잘 구별해야 한다. 제도의 내용은 생산관계들에 부합한다. 그러나 인간은 이러한 내용을 바탕으로 다양한 요소들을 만들어낼 수 있으며, 인간 이데올로기의 결과로 도출될 다양한 관점, 특정한 형식을 그 내용에 부여할 수 있다. 그러므로 인간의 이데올로기는 본질적 역할을 한다.

따라서 플레하노프의 시각에, 생산력을 생산관계들과 이데올로기로 이행시키는 유일한 운동은 존재하지 않는다. 그러나 이중적 흐름이 존재한다. 하나는 이데올로기에 이르기 위해 생산력에서 출발하는 흐름이고, 다른 하나는 생산력에 이르기 위해 이데올로기에서 출발하는 흐름이다.

2.4. 플레하노프의 구별 : 마르크스주의와 "경제 유물론"

플레하노프는 마르크스주의와 경제주의 학파를 지향하며, 정치 경제가 역사 발전의 주요인이라 생각하는 경제학자들 간의 두 가지 차이점을 소개한다.

우선, 우리는 이상주의자가 되기를 멈추지 않고도 경제 우월성을 주장할 수 있다. 실제 "경제학자들"에게 있어, '경제 활동'이란 인간 본성에 대해 가장 직접적이고 무매개적인 표현이다. 그러나 마르크스 사상에서, 우리는 인간 본성의 개념을 생각할 수 없다. 플레하노프에게 있어 중요한 것은 경제를 결정 요소로 생각하는 것이 아니다. 오히려 경제는 변증법적 역사와 유물론적 역사의 총체적 개념 속에 있는 핵심 요인으로 생각된다. 본질적인 것은 자율성을 의식 현상들에 일치시키는 것을 허용하지 않는다. 유물론적, 변증법적 시각 아래 역사의 총체 개념이 있으며, 그 개념 내부에 경제와 경제가 미치는 영향이 자리 잡고 있다.

둘째로, "요인"facteur의 개념 문제를 제기해야 한다. "경제학자들"의 시각에서 볼 때, 존재하는 여러 다양한 요인들 중 가장 중요한 요인은 정치경제이다. 그러나 역사를 다양한 요인들의 운동으로 생각하는 것은 분석 불가능한 현실에 대한 추상으로 인도되는 것이다. 인간 활동에 대한 왜곡 없이 우리는 그것인간 활동을 나눌 수 없다. 구체적으로 말해, 마르크스 사상 속 '변증법적 유물론'은 모든 힘들을 서로 분리하지 않고 변증법적 활동 속에 포괄한다. 왜냐하면, 모든 힘들은 하나의 힘과 다른 힘 사이에 형성되는 '관계'를 통해서만 존재하기 때문이다. 즉자卽自적 활동[44])은 존재하지 않는다. 따라서 역사에 대한 이러한 종합적 개념은 목적론 일체에 대한 인간의 거부를 가능하게 한다.

2.5. 플레하노프의 설명

– 마르크스 사상에 반하지 않으며 인간 사상에 특별 법칙들을 부여하는 역사 개념 –

그러나 근본적 물음이 제기된다. 바로 '규범적 틀에서 비롯되는 인간 사유에 대한 물음'과 '특별한 사유 법칙에 반응하지 않는 인간 사유에 대한 물음'이다. 이는 '천재적 인간'이 제기하는 물음이다. 그는 현재 생성 중에 있으나 아직 실행되지 않은 인간관계의 의미를 사전에 알 수 있

---

44) [역주] '즉자적 활동' 혹은 '활동 그 자체'로 번역할 수 있다. 위에서 언급한 힘과 힘 사이의 관계에서 힘들이 존재할 수 있다고 주장한 내용과 연관해서 보면, '하나의 힘' 그 자체, 즉 관계성을 이탈해서는 활동성을 가질 수 없다는 의미이다.

다. 따라서 천재적 인간은 실제로 자신의 직업, 인간관계들에 독립적이지 않으나, 다만 잠재적 상태에 존재하고 있는 것들을 볼 수 있는 능력이 있다. 이처럼 마르크스주의적 시각에서 주체적 사유와 집단적 사유 사이에 가능한 모순은 사라진다. 주체적 사유와 집단적 사유 모두 생산관계들을 잘 설명하지만, 그것은 발전과 이해의 다양한 단계들에서 가능하다. 생산관계들이 쟁점이 되기 때문에 위의 두 가지 경우에서 목적이 되는 요소는 동일하다. 그러나 사회에 따라 다양한 사회적 관계 형태가 있기 때문에 그 표현은 상이하다.

이처럼 마르크스에게는 이중적 일치가 있다. 한 편으로 인간 자신의 일치와 인간 사이에 있는 일치이며, 다른 한 편으로 인간의 환경과 활동들의 일치이다. 덧붙여 말해, 과거의 모든 유물론 개념의 주요한 실패는 물질이 대상이나 개념으로 간주되었던 사실에 있다. 반면, 마르크스는 물질을 인간의 활동, 환경 속에서 실천하는 인간으로 생각한다.

3. 예술 문제

플레하노프는 마르크스 사상의 결과들을 도출함으로 예술 지평에서 마르크스주의 미학의 길을 열어준 최초 사상가였다. 더불어 그는 미학에서도 인간 제반 활동에 대한 총체적 설명으로서의 마르크스주의 개념을 따른다.

플레하노프에 의하면, 변증법적 유물론의 시각에서 생각할 수 있는 미학은 더는 추상 체계나 감성 연구론, 예술 규칙 등이 아니다. 마르크스주의적 시각에서 고찰된 미학은 역사에 역점을 둔 하나의 구체적 학문이 된다. 이는 하나의 예술 형식이 어떻게 사회적 맥락에서 출현할 수 있었는지 설명하기 위한 것이다. 우연에 대한 생각은 사회의 구조의 표현일 뿐, 미학적 현상의 출현을 설명하는데 무의미하다. 동시에 미학은 예술가가 '사회적 역할 의식'을 갖도록 방향 설정된 학문이기도 하다. 이 점에서 플레하노프는 예술가가 사회 봉사적 차원에서 존재한다고 보는 "사회주의적 현실주의"와 다르다. 즉, 플레하노프는 사회에 대한 자신의 작업 반향들에 대해 의식해야 한다고 평한다. 예술가는 자신이 이 사회를 바꾸고 있다는 것을 파악해야 한다.

그러므로 플레하노프의 미학적 시각은 예술이 '사회적 삶의 반영'이며 동시에 '사회적 삶을 바꾼다'는 것을 긍정한다. 또한, 이 지점에 예술 작업을 해설 할 책임이 있는 비평의 근본적 중요성이 있다.

그러나 예술과 관련하여, 우리는 상부구조와 하부구조 사이의 관계에 대한 문제도 제기해야 할 필요가 있다. 플레하노프의 시각에, 예술의 근본 문제란 인간 활동과 마주하는 것이다. 여기서 인간 활동은 간접적이고 복합적 방식으로 경제적 요인들의 영향을 받는 것을 뜻한다. 역사는 인간들을 이처럼 설명할 수 있으나, 역사를 만드는 것은 바로 인간들이다. 더불어 역사, 인종 및 지리를 통해 미학적 현상을 설명하려는 시도는 헛되다.

각각의 예술에 대한 개념들은 사실상 개별적이지 않다. 그 개념들은 어느 한 시대 속에 공통된 성격을 갖고 있으며, 적어도 특정 시대의 미술 학파와 연관된다. 이처럼 오늘날 우리는 존재하는 여러 유파 가운데 하나를 통해 작품을 설명할 수 있고, 사회적 상황을 따라 파악된 것을 설명할 수 있다. 그러나 후자는 그림이 구축한 특별하고 독창적인 사건에 대한 이해와 설명을 불가능하게 한다. 달리 말해 우리는 그러한 그림을 입체파를 통해 이해할 수 있거나, 현실 사회 구조들에 따라 여러 유파들을 이해할 수 있다. 그러나 왜 미로⁴⁵⁾나 마티유⁴⁶⁾가 출현하는가? 모든 미학은 개인 심리학에 의존할 것이다. 개인 심리학이란 사회 심리학의 필연적 변형이다. 마지막 분석으로, 이처럼 예술 작업은 사회 심리학의 한 요소이다. 사회 심리학 배면^{derrière}에서 경제적 요인은 약화된다. 그러나 이러한 사회적 요인이 모든 시기에 똑같은 방식으로 역할을 맡지 않을 것이다. 마찬가지로 19세기를 볼 때, 우리는 완전히 비생산적인 사회 계급 실존과 연루된 명백한 '개인' 우위에 마주하게 된다.

마지막으로, 상부구조를 구성하는 다양한 요소들이 상호간 영향을 미친다는 것을 잊지 말아야 한다. 따라서 이러한 순환의 총체를 분석할 때, 작품에 대해 이해할 수 있을 것이다.

---

45) [역주] 호안 미로 이 페라 Joan Miró i Ferrà (1893-1983). 스페인 바르셀로나 출신의 화가, 도예가, 조각가.
46) [역주] 조르주 빅토르 마티유 Georges Victor Mathieu (1921-2012). '서정적 추상'의 아버지로 여겨지는 프랑스 예술가.

4장. 체코슬로바키아 마르크스주의

[4장의] 서문 혹은 머리말에 해당하는 것으로 나는 세 가지를 언급하고자 한다.

나는 1930년 무렵 마르크스주의자였고, 개인적으로 마르크스를 공부했다. 이후 나는 마르크스주의를 포기했는데, 결정적인 계기는 '모스크바 대숙청' 사건이었다. 진보된 사회주의 사회나 전(前)공산주의 사회가 이 사건과 관련하여 우리가 이해했던 반성의 본성에 대해 성찰된 시각을 나타낼 수 있으리라는 생각은 불가능했다. 이미 나는 회의적이었다. 크론슈타트 반란[47] 강경 진압과 우크라이나 진압은 내게 마르크스의 방향에 역행하고 있는 것처럼 보였다. 우리는 사회주의 공화국이 강압적 성격을 갖고 있음에도, 사회주의 공화국 전체를 위한 자유로운 결정에 관하여 말할 수 있는가? 마르크스 사상과 소련에 대해 내가 보았던 것 사이에 있는 모순점이 바로 나를 공산주의에서 멀어지게 했다.

나는 특정한 방향을 지도하는 것이 아닌, 가급적 현실적이고 난해한 문제들에 관해 판단하고 평가할 수 있는 방법들을 제공하는 쪽으로 이

---

47) [역주] 크론슈타트(Кронштадт, Cronstadt)는 오늘날 러시아 상트 페테르부르크 근교 도시이다. 1921년 볼셰비키 혁명의 전위대 역할을 했던 수병들이 자유선거 보장, 언론 출판의 자유, 정치범 석방, 자산 소유권 등을 요구하며 봉기했다. 당시 볼셰비키 정부는 체제에 해가 된다고 최종 판단하여 이를 무력 진압했다.

강좌를 진행하고자 한다.

나는 대립과 축출을 설명하는 제반 마르크스주의 집단들이 논하는 난점들을 설명할 목적으로 본 강좌사상개론 강좌를 개설했다.

체코슬로바키아 사상과 조우했을 때, 나는 사회주의에 대한 일련의 희망을 되찾게 되었다. 새로운 어떤 것이 내게 출현했고, 그것은 서구 사회의 실제 특성에 상응했다. 달리 말해, 체코슬로바키아 사상은 기술사회 문제들에 대한 마르크스주의적 대답이었다. 그 때까지만 해도 나는 마르크스주의자들이 기술문제에 대한 이해가 전혀 없었고, 1890년 이후로 경제-사회 문제들에 대한 일면적 시각에 머물러 있었다고 생각했다.

또한 [체코 사상과 더불어] 마르크스주의 안에 새로운 어떤 것이 나타난 것 같은 인상을 받았다.

참고 문헌은 다음과 같다.

– 프랑스어로 번역된 주요 저자 3인의 저서는 다음과 같다.

· 알렉산데르 둡체크, 『프라하의 봄에서 겨울로』 *Du printemps l' hiver de Prague*, 1970

· 라도반 리히타, 『기로에 선 문명』 *La civilisation au carrefour*, 1972

· 오타 시크, 『체코슬로바키아 경제의 진실』 *La vérité sur l' économie tchécoslovaque*, 1970 『계획과 시장』 *Plan et marché*, 1971

– 그 외 문서들

- 후사크[48]와 하예크[49] 이전 시대의 저자들을 포함하는 모음집, 『보류중인 자유』 *La liberten sursis*, 1969
- 제라르 드 세드 편집, 『왜 프라하인가? 체코슬로바키아 문서』 *Pourquoi Prague? le dossier tchécoslovaque*, 1969 [50]
- 질 마르티네, 『5가지 공산주의』 *Les cinq communismes*, 1972
- 로제 가로디, 『프랑스 사회주의 모델을 위하여』 *Pour un modèle français du socialisme*

체코슬로바키아 운동을 부분적으로 구성하고 있는 반스탈린주의 분파는 프랑스에서 종종 인간주의적 경향으로 평가 받는다. 이러한 경향은 임레 너지[51]의 저서 『인간을 망각하지 않은 한 공산주의』[52]에 설명된 내용을 따른다.

1. 1968년의 기원들

1. 여러 공산주의 사상의 변형은 정치, 경제적 환경들에 그 원인이 있다. 경제 계획에 있어, 체코슬로바키아는 여타의 인민공화국들과 분명히 다르다. 곧, 체코슬로바키아는 매우 발전된 산업 국가이다. 산업화를 그 목적으로 하고 있는 농촌 중심의 [다른 인민]공화국들에

---

48) [역주] 구스타우 후사크(Gustáv Husák, 1913-1991). 구 체코슬로바키아의 정치가로 공산당 제1서기와 대통령을 역임했다. 프라하의 봄 시절 개혁파의 입장에 있었으나, 공산당 제1서기를 거쳐 대통령이 되면서 반체제 인사나 개혁파를 탄압하는 이른바 '정상화 정책'을 구사했다. 1989년 프라하의 비폭력 평화 대중 시위였던 '벨벳혁명'으로 실각한 이후, 사망 1년 전 공산당에서 제명 처리된다.
49) [역주] 이르시 하예크(Jiří Hájek, 1913-1993). 구 체코슬로바키아의 정치가. 프라하의 봄 시절 외무부 장관을 지냈다. 반체제 상징 문서인 '77헌장'(Charta 77) 발기인 가운데 하나였다.
50) [역주] 여기에서 다룬 문서들은 모두 '공식' 문서들이다.
51) [역주] 임레 너지(Imre Nagy, 1896-1958). 헝가리의 정치인. 1956년 헝가리 민주화운동이 일어났을 때, 반스탈린 노선을 취하며 소련의 침공에 맞섰다. 항쟁 실패이후, 소련측 비밀 재판에 회부 되어 처형되었다.
52) *Un communisme qui n'oublie pas l'homme*, Éditions Plon, 1957.

적용된 모델과 똑같은 공산주의 모델이 채택되어야 하는가?
2. 체코슬로바키아에서 탈脫스탈린주의는 큰 소용돌이를 일으켰고, 공산당 내부에서도 마찬가지였다.
3. 우리는 예술적 창작에서 이데올로기적 자유를 우선적으로 요구한 지식인들철학자, 예술가, 소설가의 두드러진 영향에 주목할 수 있다. 1965년의 체코슬로바키아 지식인 대회나 이후 1967년 K 231 단체의 창립으로 연결된 사건들도 이와 관련된다. K 231은 사상범les crimes d' opinion을 처벌했던 형법 조항을 가리킨다. 이 명칭은 해당 법조항에 피력된 범법행위를 반영한다. 결국, 우리는 공산주의 진영에서 완전히 나오게 되었다. 곧, 그 성향은 이데올로기적 자유주의로 충만하다.

K 231 단체1966-1967는 공산주의자들과 비-공산주의자들을 차별하지 않고, 자유롭지 못한 스탈린주의의 모든 희생자 보호 운동을 감행한다.

마르크스주의 안에서 민주주의 재통합의 문제, 즉 의회민주주의 문제가 제기된다. 왜 보통 선거로 표출된 다수가 오류를 범하는가? 동시에, 인간주의에 대한 탐구와 인간의 행복에 대한 물음도 존재한다. 마지막으로 경제적 변화에 대한 적응 문제가 제기된다. 이러한 종류의 질문들을 제기하는 일은 대개 다양한 형태의 수정주의를 낳았다.

인간주의와 관련해서 우리는 알튀세르의 글『존 루이스에 대한 대답』을 암시적으로 말할 필요가 있다. 실천, 곧 구체적 단계에 있어 그가 누구이건 독재 체제를 겪고 있는 자들, 피압제자들, 반항자들은 인간을 표방하고자 한다. 그들은 완전한 인간으로 존중해 줄 것을 요구한다. 실제 이것은 기득권에 맞선 싸움의 당위성을 정당화하기 위한 하나의 변명이다. "그들은 이 말을 사용한다. 왜냐하면, 피압제자들은 말의 선택권이 없기 때문이다." 피압제자들의 실천 단계에서 이러한 의뢰, 곧 인간주의는 정당하다. 그러나 인간주의는 인간에 대한 개념은 실존하지 않는다는 이론을 오염시키지 말아야 한다. 알튀세르의 시각에, '인간'이라는 말은 결코 어떠한 것도 의미하지 않는다. 우리가 인간의 생각을 따라 이론을 변형한다면, 그것은 이데올로기적인 것이다. 곧, 우리는 기회주의에서 출발하는 셈이다. 개념적이지 않은 이데올로기라는 이름으로 실천프락시스을 유도하는 이론을 변형하지 말아야 한다.

체코 사상에는 알튀세르 사상과 구별되는 두 가지 단계가 있었다. [하나는] 마르크스 저작에 나타난 것과 정확하게 일치하는 것처럼, 인간은 이론 구성의 마지막에 재발견됨에도 불구하고, 이론적 분석시크, 리히타, 후사크 등은 인간주의 이데올로기의 영향을 받지 않았다. 다른 하나는 지식인과 민중 운동의 감성적, 인간적, 낭만적 흐름이 있었다. 바로 이 점에 있어서 "프라하의 봄"은 인간의 얼굴을 한 사회주의에 상응한다.

만일 우리가 당시1968년 「르 몽드」53)지를 다시 읽는다면, 그 신문이 바로 후자의 측면, 특히 '인간의 얼굴을 한 사회주의'에 애착을 갖고 있다는 점을 확인할 수 있을 것이다.

2. 2,000가지 말 선언

이러한 인간주의적 자유주의는 리히타와 둡체크에 의해 부정된 반면, 훌륭한 문서이자 체코 사상의 가장 훌륭한 표현으로 서구 사회에 소개된 「2,000가지 말 선언」1968년 6월 27일에 잘 설명되었다.

요약해 보면, 이 「2,000가지 말 선언」은 세 가지 주요 비판과 네 가지 실제적 방향을 포함했다.

---

53) [역주] 프랑스 일간지 이름.

세 가지 비판

1. 체코 공산당 지도자들과 국가 지도자들의 수준 이하의 도덕성 문제. 당과 국가 대표자들은 권력의 달콤함 등에 지배를 받는다. 당과 국가는 전 인민에 대한 착취 도구로 변형되었다. 거기에서 실제적 쟁점이 되는 것은 소박하고 도덕적인 분석이다. 이것은 인간주의적 사상의 특징이다.

2. 당의 이데올로기적 위선. 당이 노동자 계급을 정확하게 설명하는 일에 모든 사람이 확신하고 있는 반면, 도처에 노동 자문 위원회가 있다. 더욱이 이는 제도적으로 인준된 것이며 결단코 자유롭게 표현할 권리를 갖고 있지 않다. 즉, 근본적 협의가 부재한 상태이다.

3. 행정부와 당이 정부 자체에 의해 제기된 법률적 규칙을 고려하지 않고 행동하는 한, 모든 영역의 절차 적법성에 대한 이의제기. 이는 권력의 전횡에 맞서는 항변이다.

네 가지 주장

- 체코슬로바키아 내부의 민주주의 과정 재창조 의지. 이 주장은 공산주의자들과 더불어 그리고 체제 '내' 민주주의라는 점을 전적으로 강조하면서, 기층 노동자와 농민에 대한 호소를 포함한다. 곧, 자본주의나 준準자본주의로 회귀하고자 하는 물음이 아니다. 1956년 헝가리에서 일어난 사건들은 서구 사회에 해석의 오류들을 낳을 여지를 주었다.

- 일체의 불법적, 독단적인 방법 거부. 사회주의 체제는 합법성을 유지해야 한다. 심지어 체제의 적인 파시스트나 테러리스트에 대해서도 합법성을 유지해야 한다.

- 탈脫중앙집권화. 중요한 것은 기층 민중의 형식적 호소 제도가 아니

라, 실질적인 '탈중앙집권화'를 실현하는 것이다. 권력은 시민 집단
으로 회귀한다. 즉, 시민 위원회가 모든 문제들을 도맡아야 하는 소
임을 갖고 있다. 중앙에 한 기구가 존재해야 한다면, 그것은 단지 기
초 위원회 활동들에 대한 협력자가 될 수 있을 뿐이다. 중앙 조직은
대중적 좌담회를 출판할 수 있으며, 이에 대한 공산당의 통제를 없
앨 수 있다.
- 체코슬로바키아 인민들의 현실적 연맹 구성. 소수 민족들의 자유 결
정권 재부여.

여기서 우리는 전통적인 민주주의의 방향을 재발견한다. 이 「2,000가
지 말 선언」은 마르크스주의의 중요한 변동을 대표하는 것은 아니다.

3. 이론 운동과 리히타의 중요성

인간주의, 자유, 도덕 등을 가져오지 않되, 고유한 입장에서 마르크스
주의를 발전시킬 방법을 찾음과 동시에 마르크스의 노동에 대한 방법론
을 분명하게 유지하는 것이 중요하다. 이러한 노선에 서 있는 저자들은
과학과 기술 진보를 고려하면서 마르크스의 성찰을 연장한다. "마르크
스주의를 통해 과학기술 현상을 점유한다." 우리는 마르크스주의를 단
지 빈 상자를 채우는 일종의 모자이크로 생각할 수 없다. 마르크스주의
는 하나의 지적 순응주의는 아니다. 그렇지 않으면, 마르크스주의는 다
른 것들처럼 하나의 이데올로기나 하부구조가 발전할 때 더는 발전하지
않는 상부구조가 될 것이다. 마르크스는 항상 일련의 이론이 경제적 발
전의 각 단계에 상응해야 한다고 말했다.

리히타가 소속된 집단의 논법은 다음과 같다. 만일 우리가 과학적, 기
술적 참신함에 대한 이해를 거부한다면, 마르크스주의는 모든 이데올로

기적 상부구조들과 똑같은 처지를 겪게 될 것이며, 현실에 대한 하나의 가면이 되고 말 것이다. 우리는 마르크스주의의 이러한 차단된 역할을 피해야 한다. 더불어 수정주의로 만들지도 말아야 한다. 목표는 마르크스주의를 새로운 이념들에 적응시키는 것이 아니다. 그러나 우리는 마르크스주의를 인용, 반복하는 것으로도 만족할 수 없다. 그러므로 다양한 방법론이 필요하며, 마르크스가 실현했던 작업과 똑같은 성격의 작업을 실행해야 한다.

더불어 참고 문헌 선택에 있어서도 또 다른 차이점이 있다. 리히타 소속 집단은 과거 『자본론』을 마르크스의 학문적 기획의 가장 완벽한 접근로로 생각했으나, 이제 『**정치경제학 비판 요강**』그룬트리세을 그렇게 생각한다. 두 명의 체코 작가인 카렐 코식『구체 변증법』*La dialectique du concret*과 칼 립『마르크스의 사회학적 방법』*La méthode sociologique de Marx*은 특별히 마르크스의 이 저작그룬트리세을 연구했다.

다양한 역사적 상황에서 마르크스의 다양한 저작들이 특권을 누릴 수 있었다. 70년 전[54]에는 『자본론』이었다. 이후 『독일 이데올로기』였다. 1940년-1950년 사이에는 『1844년 경제학-철학 수고』였다. 『정치경제학 비판 요강』은 최근 10여년 사이에 중요 저서로 부각되었다. 더불어 나엘륄는『정치경제학 비판 요강』이 마르크스의 학문적 방법론을 가장 엄밀하게 나타내는 저서라고 생각한다.

1968년 1월의 폭발은 전적으로 자발적이고 예기치 않은 어떤 것이었다는 점을 추가해야 한다. 당시 리히타는 '학술 진흥청 철학 연구소' 소장이었다. 1965년 그는 공산당 중앙 위원회에 관한 일련의 연구와 작업 대상이었던 『기로에 선 문명』을 출판한다. 공산당 중앙 위원회는 철학

---

54) [역주] 이 책에 수록된 엘륄의 '체코슬로바키아 마르크스주의' 강의에 대한 대본은 1975년-1976년 학기 강의록이다(서문 참조). 따라서 본문에 언급된 '70년 전'은 시기적으로 1900년대 초반을 가리킨다.

자, 경제학자, 역사학자, 인류학자, 정치학자등 이러한 방향에서 활동하는 다양한 전문 위원들을 임명하기로 결정했다. 또한, 이러한 위원들의 작업을 종합하여, 1967년 같은 이름으로 새로운 판을 인쇄하게 될 이 기획에 모두 250명이 동원되었다. 1월에 중앙 위원회는 이러한 총체적 관계에 관해 자신들의 의사를 다음과 같이 표명해야 했다. 곧, [이들 연구의 성과물] 대다수가 직접적인 적용 목적으로 도출되었다. 반대 입장에 있었던 이 운동의 서기는 사임하고 둡체크가 이 기획의 적용을 담당하게 된다.

당의 내부 발전이 일어났으나, 그것은 무수한 전통 공산주의자들에게는 수용 불가능한 것이었다.

1. 리히타와 이론적 문제

1.1. 핵심 주제

공산주의를 산업 발전에 연결하고자 하는 것은 오류이다. "산업을 위한 모든 것, 산업에 의한 모든 것"이라는 표어는 마르크스가 아닌 '생-시몽' Saint-Simon에게서 유래한 것이다. 공산주의 이념과 제도의 상당한 부분이 산업체제와 그 체제 한 가운데서 탄생했다. 산업체제는 사회가 이를 수 있는 최종 상태인가? 결과적으로 공산주의는 단지 이러한 산업체제 위에 상부구조들을 나열하고 있을 뿐인가? 분명히 산업체제는 자본주의와 연계된다. 반면 산업의 구축은 자본축적 존재 범위 안에서만 가능하다. 산업적 적용과 산업 발전에 대한 토대와 수단 역할을 하려면 자본주의적 형태의 축적이 필요하다.

마르크스에서 연원하여, 이중적 현상이 만들어졌다.

① 공산주의자들의 집권은 비非산업국가들에서 이루어졌다.

사회주의 건설 목적으로 자본주의에 의해 만들어진 물적 토대의 결실을 거두는 것 대신, 공산주의 권력이 **산업화**를 실행해야 한다. 바로 공산주의가 자신의 "이론적" 후계자인 경제 발전을 이룩해내야 한다. 우리는 축적, 잉여가치, 자본 없이도 집단 생산 산업 체제를 구축할 수 있는가?

예를 들어, 소련에서 모든 것이 국가에 의해 상실된 이윤에서 구성되었다는 것은 틀림없는 사실이었다. 마르크스의 도식은 소련의 산업화 과정을 설명하는 데 유효했지만, 현재 우리는 [소련을 통해] 국가 자본주의를 목도하고 있다. 반면, 소비에트 경제 분석은 그것이 사적 자본주의와 똑같은 구조적 특성을 나타내는 국가 자본주의라는 것을 보여준다. 잉여가치를 얻는 특권적 자리들을 고발하는 것은 부차적인 일이다. 중요한 것은 미국처럼 소련에서도 계급서열화 되어 있고, 엄격하고, 권위주의적인 사회에서 만들어진 잉여가치, 이윤, 자본, 산업화에서 나오는 '작동방식' mécanisme이 존재한다는 것이다.

이로부터 산업화를 필요로 하는 자본주의가 계급서열화 되고, 엄격하며, 중앙집권화 되고, 전제적인 공산주의 사회를 유발한다는 결과가 도출된다. 현실을 변혁하려는 선한 의도와 이념들로는 불충분하다. [자본주의나 공산주의 모두] 산업적 현실은 동일하며, 체계도 동일하다.

② 진보된 서구 세계에서는 생산과 경제 모델의 또 다른 형식이 탄생하고 있는 것 같다. 고전적 산업화에 대한 과거의 모델은 사회주의가 아닌 생산, 기술, 과학에 대한 새로운 형식들에 의해 질문이 제기된다. 마르크스에 의해 예고된 구문자본주의에서 사회주의로 대신, 다음과 같은 일종의 우회적 방식으로 실행된다. 곧, 자본주의는 과학적이고 기술적일 수 있을 또 다른 사회 유형을 낳는다. 그리고 자본주의 세계가 이 새로운 사회 유형과 실제로 그렇게 어울릴 수 있었는가?

더 이상 자본주의와 사회주의 두 가지 용어에 따라 문제를 제기하면 안 된다. 우리는 자본주의, 사회주의, 산업주의, 과학과 기술이라는 네 가지 용어를 통해 문제를 제기할 필요가 있다. 또한, 산업 자본주의, 산업 사회주의, 기술 자본주의, 기술 사회주의라는 네 가지 결합이 존재한다. 리히타의 시각에서 볼 때, 자본주의는 사적 관심들로 인해 과학과 기술의 충분한 인간적 발전을 방해한다. 우리는 이러한 사회의 인간적 변화 불가능성을 확인한다. 곧, 오직 사회주의 사회에서만 우리는 과학과 기술을 인간화 할 수 있다. 그러나 사회주의는 그 자체로 하나의 보증이 되는 것은 아니다. 질문의 자리는 사회주의가 기술 사회주의가 될 수 있는지, 또한, 소련에 의해 부과된 산업 구조에서 우리가 빠져 나올 수 있는지를 정확히 아는데 있다.

이러한 질문들에서 어떤 이론이 구축되고, 그 이론에서 어떤 전술이 추출되는가?

한 편으로는 사회주의, 다른 한 편으로는 과학-기술인 그 요인들은 다음과 같은 문제를 제기하는 방향으로 나간다. 곧, 사실상 마르크스 저작 속에 핵심인 인간이 망각되어 있다면예를 들어, 자유주의 경제학자들의 마르크스 비판에서 보는 것처럼, 그것은 동시에 산업 공산주의와 기술 자본주의 속에서도 망각되어 있을 것이다. 기술 자본주의에서 '기술'은 **새로운 소외**의 요인이 된다.

사회주의 국가들에서 기술에 접근할 때, 우리는 진보하지 않는다. 왜냐하면, 우리는 산업 국가의 자본주의 모델을 보존하고 있기 때문이다. 반면, 기술은 반灰인간주의적 성격을 지속한다. 사회주의가 자신의 운명을 산업화와 연결할 때, 소외는 그 형태를 바꿀 뿐이지 사라지지 않는다. 마르크스가 볼 때, 자본주의 뿐 아니라 산업화도 소외를 낳는다.

마르크스는 실제 혁명을 자본주의적 생산관계들의 제거로 환원하는가? 혁명을 말할 때, 그는 바로 위에서 말한 식으로 이해하고 있는가? 이는 다음과 같은 이론적 관점의 토대이다. 곧, 혁명은 단지 상부구조 '개정' la mise à jour에 불과한가? 만일 상부구조 개정에 지나지 않는다면, 쟁점은 상품 재분배의 형태변화 정도일 것이다. 그러나 산업 세계에서 인간에 대한 비인간적 조건[환경]은 바뀌지 않는다. 그러나 마르크스에게 확실한 부분은 혁명이 생산력들의 결합된 변화를 함축하고 있다는 것이다. 따라서 우리는 공산주의 실현이 단순히 상부구조들권력의 형태, 소유의 형태, 이데올로기을 바꾸는 작업이라고 말할 수 없다. 그러나 혁명이 단지 상부구조 변화일 뿐이라고 한다면, 인간은 여전히 소외된 채로 머물러 있게 될 것이다.

리히타의 연구 집단에 의하면, 현대 세계에 인간의 환경을 바꿀 수 있도록 하는 혁명이 일어났는데, 그것은 바로 과학과 기술이다.

과학 혁명과 기술 혁명은 인간의 더 나은 삶을 가능하게 했다. 기술은 자본주의적이고, 폐쇄되어 있고, 사용되지 않는 체제에 의해 차단되었기 때문에 단지 인간을 소외시킬 뿐이다. 자본주의 체제에서 기술은 최고치에 이르기 때문에, 단지 자신의 긍정적 효과들을 주고 있지 않을 뿐이다. 현실 사회주의는 산업 체제 속에 폐쇄된 사회주의이므로 인간을 소외시킨다. 사회주의와 기술의 결합은 교착 상태를 넘어서는 진정한 타개책을 가능하게 했어야 했다. 따라서 산업 사회주의에서 기술 사회주의로 이행하는 이론을 제작해야 한다. 이러한 이행이 필연적 순서는 아니다. 그러나 만일 그러한 이행이 실행되지 않는다면, 그것은 사회주의의 실패임과 동시에 기술의 실패가 될 것이다.

1.2. 생산력 변형

보통 우리는 자본주의에서 사회주의로의 이행은 생산관계 변형에 속한다고 말한다. 리히타의 시각에는 생산력 또한, 변해야 한다.

1.2.1. 고전적 생산력, 곧 가치 발생적 생산력은 인간의 노동이자 기계 사용 노동이다. 그러나 현대 기술은 인간과 기계를 분리와 자동화를 지향한다. 인간에게 요구되는 노동량은 지속적으로 줄어든다. 기술사회에서, 노동력은 더는 인간의 산업노동이 아니다. 결국, 생산은 인간의 노동 없이도 실행된다. 인간이 하나의 기술자요 과학자가 된다면 이러한 생산은 분명히 가능하다. 실제적 생산력은 과학적이고 기술적인 연구이며, 더는 자기 자신이 직접 [육체노동을 통해] 경제적 가치들을 생산하지 않는 "지능화된" 인간을 포함한다. 이 지능화된 인간이 사용하는 도구는 과학적이고 기술적인 도구 전체이다.

1.2.2. 생산 제반 과정을 관통하는 새로운 생산적 – 과학적이고 기술적인 – 힘은 이전 생산력들의 전반적 변형을 포함한다. 과학과 기술 발전은 모든 생산 활동들의 협력을 견인한다. 하나의 기술 단위가 생성되고 있다. 자동제어 장치의 발전과 더불어, 인간은 생산 과정의 주변부에 놓이게 된다. 생산과정은 마르크스주의의 고전적 주제와 달리 하나의 노동 과정이 되는 것을 중단한다. 실제로 모든 생산의 축은 자연이 갖고 있는 가능성들에 대한 이해이다. 자동화와 기술진보는 생산과정에서 질적 변화, 새로운 원리를 내포한다.

1.2.3. 과학과 기술은 사회적 생산력이 된다.
마르크스의 시각에서 볼 때, 산업에서 생산력 집중화 현상, 달리 말해 집단 노동은 자본주의 내부의 생산관계들의 집중화_소유_ 양식로 인해 지속되지 않는다. 그 점은 리히타에게도 마찬가지이다. 곧, 과학은 하나의 사회적 생산력이다. 과학은 과거로부터 축적된 유산을 전제한다. 이는 과학의 역사적 차원이다. 동시에, 과학은 모든 사람의 연구를 모으는 경우, 모든 재능이 모여드는 경우에만 충분한 발전을 이룰 수 있다. 따라서 과학은 "일반적으로 사회적"이다.^{마르크스} 왜냐하면, 그것은 사회 전반에서 견지되고, 사회 안에서 계급 철폐에 의해 표출되기 때문이다. 이러한 단계에서 과학은 사회 전반의 모든 원료들을 사용함으로 활동할 수 있다. 곧, 과학은 각종 수단과 노력들에 대한 집중을 요구한다. 또한, 과학은 사회적이다. 그 이유는 과학이 단지 사물을 생산하는 하나의 요인이 아니며, 갖가지 종류를 만족시키는 요인도 아니기 때문이다. 반면 과학은 인간을 위한 새로운 욕구들을 창조한다. 과학과 기술은 욕구, 인간을 위한 새로운 가능성, 발명적 시각, 다양한 삶의 기획에 대해 창조적이어야 한다.

과학과 기술은 창조의 원천이며, 연속적으로 나타나는 모순들에 대한 해법의 원천이다. 그러므로 과학은 하나의 사회적 요소이며, 발전과 진화의 요소이다.

1.2.4. 과학은 발전하면서 동시에 다른 사회 요소들에 대해 거의 완벽한 독립성을 갖는다. 과학은 특별한 성장 역량을 갖고 있으며, 자율적 성장 법칙들에 종속된다. 사회 공동체 속에서 활동하며, 과학은 사실상 자신에게 종속되어 있는 사회적 삶의 다른 모든 측면들[정치적, 문화적 등]의 통합을 불러낸다. 실제적 생산력으로서, 과학은 사회의 다른 현상들에 대한 지배력을 갖게 된다. 과학은 통합하는 힘이다. 이러한 과학은 사회의 모든 환경 속에서 보편화하는 힘, 즉 어디서나 동일하게 만드는 힘을 소유한다. 결국, 과학은 국가 간 분리를 제거하기에 이르며, 그런 식으로 오래된 국제주의적 사회주의 이상을 구체화한다. 기술과 과학은 산업화

단계에 있는 경쟁적 성격을 갖고 있지 않다. 경쟁적 성격은 다양한 민족주의를 격앙시킬 뿐이다. 반면 과학과 기술은 무수한 참가자들이 경쟁을 벌일 수 있는 가능성이 있을 때에 실제로 발전할 수 있다. 모든 역량들의 결집이 필요한 셈이다. 여기에서 중요한 것은 기계적이고 반복적 노동이 아닌, 창조적 활동이다. 최대한의 자주적 행동을 허용하고 대접해주는 사회적 분위기가 필요하다. 결정론적이고 권위주의적인 계급 차별 구조에 머무는 것은 불가능하다. 더불어 총체적 아나키즘도 불가능하다. 과학적 연구는 협력을 전제하지만, 근본적 단계 그 자체에서 필요한 협력은 바로 연구자들 자신에 따른 연구 협력이다.

과학 발전 체계의 합리성 속에 동화된 주체성의 역할을 고려해야 한다. 리히타가 볼 때, 과학은 그 자체로 합리적으로 발전해 나가는 힘을 갖고 있다. 이러한 과정 내부에, 자신들의 주체성을 따라 일하는 사람들과 연구자들이 있다. 그러나 이 주체성은 그 자체로 정리되는 과정 속에 포함되어 있다. 리히타는 다음과 같은 확신을 갖고 있다. 곧, 우리가 과학적으로 훈련된 사람들과 조우한다면, 그들의 어느 정신 상태를 공유하게 될 것이고 그들의 여러 연구와 협력할 지점을 발견하게 될 것이다. 이것은 모든 국가 주도 계획경제를 배제하는 사회 조직에 대한 매우 큰 복잡성을 요구한다. 이러한 방식으로 발전되는 모든 체제 속에, 자발적 제어장치들이 존재한다. 달리 말하면, 우리는 제어장치들을 만들지 말아야 한다. _{만일 만든다면, 우리는 경찰을 하나 더 만드는 셈이다} 왜냐하면, 다양한 기관들이 자율적이고 자주적으로 관리되기 때문이다.

정치적 단계에서 사회주의의 최고 형태는 '제어장치들에 대한 제어' régulation des régulateurs에 이르는 것이다. 이것은 계획경제를 대체할 것이며 다차원적 성장을 가능하게 할 것이다.

리히타는 과학이 여러 정보들에 근거하고 있음을 본다. 곧, 과학과 정보의 발전이 병존한다. 이러한 상황은 의사소통 기술들의 비약적 발전, 즉 정보 저장과 확산으로 인해 가능해진 것이다.[55] 이러한 특성은 생산을 위해 신체 능력을 선호했던 산업 체제와의 새로운 대립을 낳는다. 그러나 이제는 모든 사람의 지적 역량과 신체적 역량을 촉진시켜야 할 것이다.

이 모든 요소들은 과학적 발전의 선택에 의해 규정되는 절대적 필요성이다. 마르크스에 의하면, "사회는 가장 진보된 생산력에 대한 가장 기초적인 규범들과 규칙들을 체계적으로 채택한다." 따라서 기술-과학 혁명은 실현될 것이다. 그것은 필연이다.

1.3. 결과들

1.3.1. 생산과정에서의 인간 상황이 바뀔 것이다. 기계화와 산업화의 산물과 과학, 기술 혁명의 결과물이 전도된다. 달리 말해, 한 편으로는 강조된 노동 분할과 기계 속으로 인식들이 통합되는 것이고, 다른 한 편으로는 노동의 추상적 과정과 노동 시간 감소이다. 이 노동 시간 감소는 우리가 잠시 멈춰 생각해 보아야 할 필요가 있는 사례이다. 산업사회에서 불필요한 노동시간이 인간에게 유지된 반면, 기술진보는 중요 노동시간 감소를 가능하게 한다. 생산의 주요소는 바뀐다. 그것은 생산력 구조의 질적 변화를 불러온다. 이 과학적, 기술적 생산력 구조는 폐쇄된 체계로 경직될 수 없다. 지속적 변형과 개방이 있어야 한다.

1.3.2. 경제 성장 모델의 변형이 있다. 산업 체제에서 경제 성장은 자본 축적 양식과 연결되어 있다. 그러나 이제, 생산 성장은 더는 인간의 '노동 총량'에 달려 있지 않다. 생산은 증가하되, 노동은 적게 해야 한다. 현

---

[55] N. Wiener, *Cybernétique et société*, Deux Rives, 1953과 비교하라.

시대 발전된 기술의 여러 가능성들을 적용해 본다면, 노동 축적을 지향하는 작업은 더는 필요하지 않을 것이며, 지속적인 자본 축적 지향도 더는 필요하지 않을 것이다. 그러므로 혁명은 더는 자본 축적의 단계에서 일어나지 않을 것이다. 즉, 이러한 자본 축적은 물적 진보, 생산 발전 및 지속적 혁명 조건소외이 되기를 멈춘다.

발전은 '노동 경제'와 '자본 축적 경제'를 가능하게 한다. 만일 자본 축적이 더는 필연이 아니라면, 마르크스주의적 모델의 생산력 발전 법칙은 다음과 같이 바뀔 것이다. 그 법칙은 기술에 대해 부여된 '과학 우선성', 직접적 생산에 대해 부여된 '기술 우선성'으로 대체 되었다. 생산 수단들의 증가는 산업 사회에서와 마찬가지로, 더는 확장되지 않을 것이며 오히려 집약적으로 변할 것이다. 발전은 직접 생산을 위한 어떤 결집을 통해 더는 실행되지 않을 것이다. 반대로, 자원들과 직접적인 인간의 생산력을 실제적인 생산 단계, 과학적, 기술적 생산 단계와 연계하기 위하여 [그 생산력을] 제거할 때 실행될 것이다.

자본주의적 성장의 조건인 "임금 철칙"loi d'arain du salaire을 따라 생존에 필요한 단계에서 집단적 소비를 견지하는 것은 더는 필요하지 않다. 반면, 우리는 노동자의 육체노동을 필요로 하지 않고, 육체노동보다 더 많은 소비를 바라는 노동자의 지적 노동력을 필요로 한다. 왜냐하면, 지적 노동은 구성 욕구들이나 일련의 삶의 양식 등과 더불어 인간의 보다 완전한 발전을 포함하기 때문이다.

1.3.3. 과학적, 기술적 연구는 무한 팽창의 역량을 갖고 있다. 따라서 과학과 기술에 무한한 공간을 제공하는 사회적 관계들만이 [팽창에] 적합한 요소가 된다. 그러나 자본주의는 이러한 방향의 궁극으로 진행할 수 없다. 왜냐하면, 자본주의는 계급들로 분할되는 매우 폐쇄적인 사회

조직 유형이기 때문이다. 사회주의만이 유연하고 무한히 적응 가능한 사회적 공간을 공급 '할 수 있을 것이다.' 이러한 시각은 자유로운 생산력 발전을 허용하는 사회에 대해 마르크스가 품었던 꿈에 해당한다.

산업 혁명이 '자본주의'로 표출되는 사회적 관계들을 생산한 것과 마찬가지로, 과학기술 혁명은 발전에 필요한 환경들을 가능하게 하는 새로운 사회적 관계들을 요구한다.

1.3.4. 자본주의의 허약함은 더는 산업에 종속된 역할을 하지 않을 과학, 기술 연구의 가능성을 축소하면서 산업 체제의 산물을 최대한 착취하는 작업을 지속해야 하는 데 있다. 이러한 '거리두기' 현상은 무한정 지속될 수 없다. 산업 체제 속에서 우리가 인간의 얼굴을 갖고 있는 단계에 있다면, 우리가 [적어도] 인간의 얼굴을 한 상태로 산업 체제를 살고 있다면, [그 체제 안에] 적시에 행동해야 할 동기를 주는 '이윤'에 대한 연구^{자본가}와 생존에 대한 '두려움'^{노동자}을 동시에 확인할 수 있을 것이다. [자본가의] 이러한 행동 원인들은 모순적이며 과학, 기술 연구와도 모순된다. 자본가는 그 연구의 유용성에 설득되지 않는다. 따라서 연구는 종종 국가에 의해 보장된다. 노동자의 편에서 볼 때, 연구는 어떤 관심과 열정을 요구한다. 다만 과학, 기술 연구에 관한 그들의 관심이나 열정이 생존 문제에 대한 [기본적] 두려움만큼 몸에 와 닿지 않는다.

마지막으로 우리는 과거 마르크스가 자본주의의 영원한 모순으로 규정했던 것들에 곁들여 나타나는 자본주의 위기의 요소들을 목도한다. 즉 노동력 성장의 결집은 노동을 절감시키는 과학, 기술 연구에 혜택을 부여해야 한다. 그 반면, 성장은 점차 자율화되고 인간적 노력에 대해 독립적 성향을 보인다. 하지만, 우리는 노동시간의 척도에 따르는 생산 가치 측정 작업을 지속해야 한다.

1.3.5. 역으로 말해, 과학기술 혁명의 필연적 발전 가능성을 부여하는 것은 바로 '사회주의'이다. 이러한 혁명은 "집단 노동" 구조를 바꾼다. 마찬가지로, 더는 계급으로 분리될 수 없는 새로운 사회 구조 실현을 위해 인간은 노동에 대한 과거식 사유, 즉 '산업적 분리'를 극복하고자 한다. 왜냐하면, 새로운 생산양식들을 통해 과학, 기술적인 것을 대하는 만인의 정체성이 존재하기 때문이다. 또한, 이 혁명은 창조적 활동 전개를 돕는 '문화적 혁명'도 포함한다. 사회주의만이 이러한 요청들에 응답할 수 있다. 이론적으로, 위의 세 가지 요소집단노동, 무계급사회, 창조적 활동 발전들이 사회주의로 수렴되기 때문에, 사회주의는 기술혁명이 전개되는 토양으로 나타난다. 물론 사회주의로의 이행이 과학기술 혁명의 필연성에 상응하게 될지 자명하게 알 수 없다. 다만 우리는 그 '가능성'을 마주하고 있을 뿐이다.

그럼에도 사회주의는 필연적 조건이다. 더불어 사회주의 노선 변경도 반드시 필요하게 될 것이다. 사회주의는 정신적 활력소를 위해 생산의 물질적 활력소를 감소시켰다. 하지만, [과학-기술 발전이라는] 새로운 시각 속에서, 정신적 활력소는 인간의 자기 발전에 대한 관심을 불러낼 것이다. 물론 그러한 관심의 공급 기반은 과학과 기술이다. 고전적 사회주의는 각 개인이 자기 자신을 목표로 생각해야 한다는 이념에서 출발하지 않았다.

정신적 활력소는 물론 물질적 활력소를 배제할 수 없다. 사회주의로의 이행이 경제적 이익 제거를 뜻하는 것은 아니다. 리히타 역시 사회주의가 경제적 이익 제거라는 생각을 거부한다. 그가 생각하는 사회주의는 다음과 같다.

(1) 사회주의는 이윤 목적의 경제활동을 배격하는 시각을 거부한다.

(2) 사회주의란 자본 이익을 제외한 경제적 산물의 재분배이다.

(3) 사회주의는 이윤에 대한 연구과 노동자를 통한 노동자 급여에 대한 연구의 복합이다. 왜냐하면, 사회적^{집단적} 소득은 기술 진보의 적용으로 비롯되는 급여와 이윤을 동시에 포함하기 때문이다.

사회주의는 사회의 총체적 노동에서 출현하는 이자 전체를 포함한다. 또한, 사회주의는 공급된 사회적 노동 전체에 각자가 책임을 느끼는 체제이다.

사회주의는 기술로 인한 노동 생산성 증가와 이자 수익 구조의 역동성을 전제한다. 즉, 창출의 목적으로 지속시켜야 할 대상들과 기술이 갖고 있는 여러 가능성에 부합하는 고차원적 욕구들의 출현을 전제한다. 수단 차원뿐 아니라, 인간적 발전에 의한 발명품의 차원에서 중요 쟁점은 '발견'과 '창의력 갱신'이다. 이 부분에서 리히타는 여러 욕구에 대한 사회적, 공리주의적, 제한적 성격에 반대한다.

이러한 요구들은 자본주의가 아닌 사회주의에 의해 실현될 수 있다. 또한, 계획경제 사회의 이전 모델에서 탈피해야 한다. 계획경제는 경제 발전을 파악하는 원초적이고 단순한 방법론이다. 반면, 현재 우리가 배치하는 수단들은 전적으로 경제 체제를 발전시킴으로 인해 더는 계획경제를 허용하지 않는다.

1.3.6. 오랜 시간 우리는 다음과 같은 요소들을 통해 공산주의를 변화의 길로 인도다.

- 프롤레타리아 독재 권력.
- 집단적 소유.

- 종교, 인간주의적 이상주의, 과학주의에 대해 비판적인 이데올로기.

리히타는 위의 요소들이 마르크스 사상에 대립된다고 생각한다. 왜냐하면, 우리는 사회적 발전의 형태들을 절대화하고 구체화하기 때문이다. 곧, 외부 환경들이 생산력 변화를 가져온다. 전술前述된 요소들을 갖고 있는 공산주의는 기술의 도전에 응할 수 없다. 생산력 속에서 생산관계들을 재통합하는 방향으로 나아가야 한다. 우리는 생산력과 생산관계가 더는 분리되지 않는 지점에 이른 것이다. 이것은 변증법적 과정의 역할이다. 사회주의적 상부구조와 전 영역에 보편화된 기술 발전이 동화될 필요가 있다.

그러므로 특수한 자율 경제 행위나 중앙집권적 경제 경영 방식을 갖는 일은 더는 문제가 되지 않는다. 탄력적인 경제, 반작용피드백이 가능한 경제, 현실적 수단들과의 가능성을 갖춘 경제가 필요하다. 우리는 이러한 종류의 문제들을 회피할 수 없다. 왜냐하면, 우리는 하나의 생산 유형에서 출발하여, 직선 성장을 경유하고, 다차원적이고 역동성 있는 생산 체제로 이행했기 때문이다. 새로 이행된 생산 체제[다차원적이고 역동성 있는 체제]는 항상 갱신되면서, 다양하게 분화된 목표들과 더불어 작동한다.

이것은 마르크스가 다음과 같이 말했던 것에 상응한다. 마르크스는 생산력의 충분한 발전을 보장하기 위해서는 생산 조건들이 속박되는 것을 중지해야 하며, 생산 조건들이 완전히 동화되는 경우에만 그것이 가능할 것이라고 말한다. 따라서 생산력의 역동성이 생산관계 속에 직접적으로 들어가는데 이르러야 한다. 곧, 생산력과 생산관계의 혼합 혹은 종합이 존재하는 단계에 이르러야 한다.

이러한 결과들은 상대적으로 추상적으로 보일 수 있다. 그러나 리히타는 '경제 경영'과 같은 사례를 들어 체코슬로바키아에 적용 가능한 구체적 제안들에 관한 자신의 입장을 표명했다.

1.4. 시간과 노동의 전복

1.4.1. 시간

기술 발전은 노동 시간 절약을 가능하게 한다. 차후 부의 궁극적 창출은 노동량에 달려 있지 않을 것이며, 기술 수준에 달려 있을 것이다. 그에 대한 결과들은 다음과 같다.

- 새로운 유형의 경제적 합리성의 출현. 이것은 사회적 노동 전체의 절대적 한계에서 생산성이 증대할 가능성이다. 자본에 대한 경제적 차이에서, 우리는 노동에 대한 최고의 절약에 이른다. 곧, "새로운 부의 수준은 사회적 노동 전체에서 생산되는 국가 수입의 총 사용량에 대한 성장 비율에 의해 결정된다."

이것은 새로운 부의 단계를 부여하게 될 소비를 말하는 것이 아니다. 어떠한 소득을 공급하는 사회적 노동 전체가 이러한 소득 사용 가능성 전체의 성장을 견인할 때, 부가 존재할 것이다. 기준은 소득 사용 가능성들의 성질qualité이다. 시간 절약(인간의 자유 시간 증가)은 그것에 대한 하나의 신호이다. 따라서 다각화되어 사용되는 수량 전체가 상승한다.

사회적 노동 총체의 절약은 사회의 생산력 수준을 나타낸다.

- 새로운 부. 리히타의 정식에 따르면, 이것은 재화들이 아니라 자유 시간, 여가 시간, "인간 발전에 개방된 공간"이다. 이러한 맥락에서, 한 인간은 자기 자신을 하나의 목적으로 생각하는 법을 익힐 수 있

다. 시간에 대한 경제 법칙은 "최고의 경제 법칙"이 된다. 이 법칙에서 극대화와 최적화라는 오래된 대립적 경향이 서로 혼합된다. 이처럼, 모든 영역에서 노동력 성장과 성장 가능성의 축적은 자유로운 시간 속에 있는 인간 발전이라는 의미 안에 수렴된다. 지금까지 제기된 문제들 중 일부는 그 의미를 상실하기도 한다. 그러므로 생산 영역과 비생산영역 사이의 노동 분류 문제에 관한 논의가 빈번하게 출현한다. 이러한 분류는 인간이 실행한 노동만이 생산적이라는 문제설정^{problématique} 안에 머문다. 기술사회에서 기술은 그 자체로 생산적이기 때문에 이러한 유형의 분류는 더는 의미 없다.

– 주요 척도라는 의미에서 "비율"^{ratio}에 대한 새로운 관념. 현재까지 비율은 인간 바깥에 있는 것이며, 외부에서 인간에게 적용되는 것으로 여겨져 왔다. 예를 들어, 노동하는 인간은 어떤 비율을 따른다. 이제는 증가된 노동시간과 새로운 욕구들과 더불어 이러한 비율이 각 개인에게 통합되어 인간에게 되돌아가는 가능성이 나타나게 된다. 또한, 이것[노동시간 증가와 새로운 욕구 출현]은 인간 발전에 대한 하나의 합리성이 된다.

1.4.2. 노동

과학기술 혁명은 노동의 총체적 변형을 이끈다. 이는 기술진보가 인간을 직접 생산 외부로 밀어낸다는 범위에서 볼 때, 과학의 적용과 문화의 발전과 같은 복잡한 기능들로 나아가는 변형이며, 잠재적으로 기술을 포함하고 인간이 적용해야 하는 새로운 영역을 지향하는 변형이다.

여기서 우리는 소비 가치들의 생산에 독립적이고, 새로운 유형의 노동에 직면한다. 그러나 이 새로운 유형의 노동은 [우리에게] 미리 주어지지 않는다. 노동은 인간이 수용할 수 없는 것이라는 주장이 지속된다. 곧, 인간이 노동을 피하고자 하는 감성을 갖고 있는 한, 노동은 수용 불가능한 것이 된다. 노동이 하나의 필연으로 인식되는 한, 노동은 수용 불가능한 것으로 체험되지 않는다.

자본주의는 인간의 산업적 활용 유지를 위해 노동의 여러 가지 상황을 창출하는 기술혁신을 사용한다. 즉, 기술혁신이 숙명과 같다고 말하는 것과 다른 방향에서 사용한다. 노동에서의 인간 소외는 부조리의 극단적 한계 지점으로 인간을 몰아간다. 그렇지만 상대적으로 소외는 불가피했고, 태동하는 자본주의의 울타리 속에서 정당화되었다. 부의 잉여와 부에 관한 학적 지식에서 출발하는 문명은 인간 실존을 소외된 실존으로 변형한다. 하지만, 문명은 완전히 자유로워 질 수 있을 것이다. [그러나] 이러한 문명은 비난을 받게 된다. 그럼에도, 이러한 과거의 존속은 현실 사회주의 체제에서 소외되지 않는다. 소련에서 사회적 관계들은 결코 어떤 것도 변하지 않았던 것처럼 보이는 산업 구조에서 조성되었다. 결국, 거기에서 우리는 산업 노동의 모든 실패가령 1920년대부터 미국에서 분석된 것를 발견한다. 그 체제[소련]는 산업 노동의 유산이며, 변화조차 상상할 수 없다. 소유관계는 [인간의] 삶을 바꾸지 않고도 변했다. 소련에서 노동은 존재 양식을 얻는 하나의 수단에 머물러 있다. 곧, 소련에서 인간은 사회 이익을 위해 설정된 노동 이후après, 그리고 그러한 노동 외부hors에서 살아간다. 개인의 이익과 집단적 이득을 동화시키는 것은 매우 쉬운 일이다. 그러나 이러한 동일시 작업은 나타나지 않는다.

비록 여기에서 자본주의가 장벽처럼 막혀 있을 지라도, 사회주의는 그것을 바꿀 수 있을 것이다.

과학기술 혁명은 이러한 유형의 소외시키는 노동을 제거하며, 인간을 생산 바깥에 둔다. 인간은 톱니바퀴 같은 기계부속 요소의 역할에서 해방된다. 무엇이 인간의 자리가 될 것인가? 인간은 무용하고, 불필요하고, 단순히 부착적인 존재가 되고 마는가? 리히타의 시각에, 우리가 이처럼 생각하는 것은 산업주의 정신구조 안에서 생각하고 있기 때문이다. 인간의 현실은 생산적 노동을 갖는 것인가? 실제로 인간은 '사회체'社會體, corps social 전체의 창조자 자리에 호출될 것이다. 이 '사회체'는 생산 체제 전체와 지속적이지만 의지적이고 의식적 방식으로 진화하게 될 것이다. 인간들은 기술생산 체제의 주인이 되어야 하며, 체제의 방향을 설정하고 다스릴 수 있어야 한다. 창조, 책임, 혁신에 토대를 둔 행동을 지향하는 노동의 총체적 변화가 나타난다. 이것은 개별적 이익에 대한 생각이 사라지는 경우에만 가능하다. 사회주의 혁명은 인간의 새로운 환경으로 이행할 가능성을 부여한다. 사회주의 혁명은 새로운 인간의 상황으로 이행할 가능성을 부여한다. 그러나 그것이 꼭 진보를 선사하는 것은 아니다. 예를 들어 노동의 모든 형식들은 목적과 수단 사이에 있는 모순들그 모순들 안에 우리가 살고 있다을 극복할 목적으로 바뀌어야 한다.

노예 노동에서 자유로운 인간의 역할은 수단들의 체계 속으로 목적들을 복귀시키는 역할이다. 그러므로 노동은 마르크스가 겨냥했던 것, 곧 세계의 변혁 과정과 지속적인 인간 자체의 생성 과정이 될 것이다. 사회주의에서 공산주의로의 이행은 '산업 사회주의에서 형성된 사회'에서 '사회주의적이면서 과학기술 혁명의 결과물을 안고 가는 사회'로의 이행을 뜻한다.

이것은 일종의 '문화혁명' 표상이다. 자본주의는 과학기술 혁명을 담당할 수 있다. 곧, 더는 부가 개별적으로 전유되지 않을 때 문화혁명이 가능하다는 틀에서 보면, 자본주의는 문화혁명을 일으킬 수 없다. 문화혁명은 노동에 의해 일어나지 않을 것이다. 왜냐하면, 노동은 단지 산업화될 수 있을 뿐이기 때문이다. 문화혁명은 사회주의 혁명 이후에만 가능하며, 또한, 과학기술 혁명이 발생한 이 후에 가능하다. 문화혁명은 이데올로기적이지 않아야 한다. 이러한 문화혁명은 다음과 같은 내용을 함축한다. 산업 노동의 속박에서 해방된 모든 사람들의 지적 생산을 적용할 수 있고, 사람들은 더는 재화 생산이 아닌 사회체 구성에 능동적 주체들이 된다.

이는 교육과 문화 계승의 완전한 변혁을 전제한다. 지식 교육의 공간들은 더는 우리가 앎에서 얻는 특권적 자리가 되지 않아야 하며, 개방된 공간이 되어야 한다. 우리가 지적, 도덕적 계획 문자 교육과 책임의식 발전의 의미에서 '자기교육'의 수단들을 공급하는 자리가 되어야 한다. 그러한 이유로 혁명은 우리 모두가 각자가 자기 자신을 선택하는 책임 속에서 이루어질 것이다. 우리는 특정 유형의 인간을 만드는 것이 아니다. 오히려 우리는 인간들이 선택할 모델을 따라 형성 가능하고, 그 모델의 변화를 가져올 수도 있는 [능동적이고 창의적인] 인간들을 형성하는 것이다. 그러한 형태의 인간에 대한 교육은 가능할 뿐 아니라, 과학기술 혁명의 지속을 위해 요청되기도 한다. 그러므로 문화혁명을 일으키는 '자기교육' 적이고 탁월성을 갖춘 체제에서 비롯되는 사회는 다른 여러 사회들에 비해 과거 시대 크나큰 자연적 부를 얻었던 나라들과 동등한 우월성을 확보하게 될 것이다.

1.5. 자율적 요인으로서 인간의 발전

1.5.1. 창조자 인간

동일한 사실을 공유하면서, 리히타는 노동력 사용에 기초한 산업 체제는 산업 문명에 그 체계의 특성과 한계를 부여했다고 쓴다. 리히타가 보는 주요 한계는 인간의 창조적 잠재력들이 억압되는 것이다. 생산력으로서 과학의 발전은 다음의 내용을 내포한다. 곧, 본질적 요소가 인간의 창조적 행동이 된다는 것이다. 리히타는 만개할 가능성을 허용하는 상황 속에 있는 한, 모든 사람은 창조적 능력을 갖고 있다고 확신한다. 인간적 요소의 무게감은 기술 구성 요소들의 능력에 정비례하여 상승한다.[56)]

만일 과학기술적 혁명과 결합된 사회주의로 이행한다면, 우리는 역사 최초로 인간이 소외된 자기 자리를 보존하는 대신, 자연적이거나 기술적인 인간 본래 자리로 되돌아 올 능력을 갖출 수 있는 사회에 이를 수 있을 것이다. 인간은 구성될 수 있다. 이와 같이, 문명 진보의 결정적 기준은 더는 노동량, 자본량, 생산량 등과 같은 것이 되지 않을 것이다. 오히려 그 기준은 기술적, 과학적 과정 전반에 대한 책임을 질 '인적 자질'이 될 것이다. 그러한 역할 수행은 더는 집합적 힘이 아닐 것이다. 집합적 힘은 도리어 사회주의로의 이행을 방해할 뿐이다. 더욱이 이러한 주장은 마르크스 사상을 따르는 것이다. 반대로, 집단화는 '인간'을 지향하는 길을 가능하게 해야 한다. 이 때 '인간'이란 각 개인이 인간으로 형성되는 것을 뜻한다. 과거 생산과 무관했던 행위들, 그렇기 때문에 주변적인 것처럼 여겼던 행위들 문화, 건강, 인적 접촉의 증가, 정보의 특성 등이 본질적 요소가 된다. 만일 우리가 기술 체제의 인간들에 의한 전문적 숙달을 바라고 성숙된 인간됨의 출현을 지향한다면, 과거 주변적인 것으로 여겼던 이러한 행동들은 관리경영, 통제, 생산력 창출의 조건이 될 것이다.

[과거] 기술 발전의 특정 수준 이하에서, 인간에 투자하는 것은 하나의 사회적 적자였다. [이제] 이러한 수준을 넘어서 인간에게 투자하는 것은 이익이 된다. 왜냐하면, 인간은 생산 과정에 주어지는 방향들을 경영하

---

56) 이 주제는 자끄 엘륄이 강의했던 주제들과 반대된다.(『기술 또는 세기의 쟁점』,『기술 체계』와 비교) 자끄 엘륄은 자신의 분석을 두루 관찰된 사회에 바탕을 두고 있다. 그는 20년 혹은 30년 뒤 리히타가 묘사한 유형의 사회가 하나의 혁명이 될 수 있으리라는 생각에 기초하고 있지 않다.

고 갱신할 수 있게 되기 때문이다.

오늘 우리가 살고 있는 자본주의 사회에서조차, 인간에게 투자하는 것에 대한 이러한 우려가 점차 현실화되고 있다. 또한, 그것은 우리가 사회적인 것이라 칭하는 것들건강, 사회 부적응 반대 투쟁, 실업 수당 등에 대한 지출 상승으로 표현된다. 그러나 우리 사회의 생산 가능 요소들 전체가 착취되는 것은 아니기 때문에, 이러한 지출은 사회 전체를 압박하게 되는 경향을 보이게 된다.

우리는 생산 가능성들의 최대 발전이 의미하는 바가 무엇인지 명확히 해야 한다. 가령, 그것은 거의 영구적으로 사용 가능한 전열 기구들과 최소 20년 승차 가능한 자동차들의 생산과 같은 것이다. 우리는 이러한 생산품들이 기술적으로 실현 가능하다는 것을 안다. 그러나 자본주의 사회의 이익 논리에서는 그것을 생산하지 않는다. 왜냐하면, 자본주의는 생산 단위들을 강제로 폐기하기 때문이다. 리히타가 고려하는 것과 같은 사회주의 체제에서는 이러한 생산품들이 실현되어야 하고, 다른 것으로 이행에 있어 문제가 되는 상품 단위들을 폐쇄하는 것을 주저하지 말아야 한다. 그러한 사회체제는 무수한 유연성, 혁신 능력, 특별히 생산 라인을 중지할 수 있는 결정 능력을 요구한다. 왜냐하면, 여러 욕구들이 충족되어야 하기 때문이다. 따라서 인간에 대한 투자는 중요하다. 곧, 오직 인간만이 생산 체제의 방향을 관리, 갱신할 수 있다.

이러한 조건에서, 인간 발전은 전통적 생산력 체제에 있는 것처럼 생산력 성장의 타율적 요소가 아니라, 자율적 요소가 된다. 이는 마르크스의 시각이었다 리히타는 새로운 체제의 본질적 법칙을 다음과 같이 정식화한다.

"인간의 힘들을 생산 결과로 취하는 차원이 커질수록, 생산 원인으로서 인간의 행동은 더욱 강해진다." 달리 말해, 기술적 요소들이 인간의 힘을 자유롭게 할수록, 인간은 생산의 원인이 된다. 그 순간에, 인간은 자신을 위한 하나의 목표가 된다. 무엇보다 인간은 오늘날까지 이룩된 기술 체계를 제어하는 역할로 호출된다. 인간이 자율적 요인이 되지 않는다면, 기술이 그 자리에 있게 될 것이다. 왜냐하면, 리히타는 오늘날 기능하고 있는 기술의 자율적 발전의 부조리를 감지하고 있기 때문이다. 만일 우리가 기술의 자율적이고 통제 불가능한 발전에서 벗어나는 데 이르지 못한다면, 현실에 극단적 위험이 도래할 것이다. 통제되지 않은 기술은 수많은 부정적 결과들을 만들어내며 완전히 파괴적으로 변한다. 리히타는 정치가나 전문가 엘리트 집단의 관리를 거부하면서, 우리 모두가 기술 통제에 참여해야 한다고 말한다. 모든 사람들이 기술 전문가가 형성한 것과 동시에 문화적, 인간적, 정신적 등의 여러 형성물도 수용해야 한다. 따라서 개인 각자가 모든 단계에서 기술에 대한 관리와 통제에 연루되어 있으며, 이는 제도적 변화를 포함하는 것이다.

 따라서 우리는 인간에 대한 산업적 시각에 반대되는 입장에 서 있다. 왜냐하면, 실추된 인간 군상 속에서 인간 통합에 의해서만 존속될 수 있었기 때문이다. 산업 문명화는 인간의 무기력과 순응주의에 머물러 있다. 반면, 우리가 중앙 집권화에서 벗어난 사회체 갱신과 기술 과정 전 단계에 대한 지배를 지향한다면, 이에 요청되는 것은 각 개인의 자발적이고, 책임 있고, 혁신적 행동일 것이다.

 사회주의로의 이행은 문화혁명으로 정당화된다. 과학기술 혁명은 문화를 지향하는 사회적 행동으로 무게 중심을 대체한다. 부르주아 체제에서 문화는 표면적 현상, 사치 등으로 주변화 되었던 반면, 사회주의는 사회적 삶의 중심으로 문화를 복원하는 체제이다. 사회주의에서, 사회는 모든 사람에게서 나온 생각들로 발전된다. 사회 발전이 만인의 이념에서 비롯되어야 한다는 이 주장은 언뜻 보아도 유물론과 매우 거리가 멀어 보인다. 그러나 마르크스에게 있어, 대중 집단이 부여한 생각들은 하나의 사회적 힘이 된다. 따라서 우리는 사회주의가 되어야 하는 것과 사회 속에서 과학기술 혁명이 실행되는 것 사이에 하나의 수렴점을 확인한다. 자본주의와 사회주의의 대립되는 갈등 속에 있는 문제는 보다 많은 생산되는 것을 얼마나 아는가에 있지 않고, 과학기술 혁명을 통합할 가치가 있는 어떤 사회와 체제를 구축할 수 있는가에 있다. 사회주의는 그것을 할 수 있으며, 바로 그러한 조건에서 자본주의를 앞서 나갈 것이다. 사회주의의 고유한 임무는 인간 존재의 발전을 가능하게 만드는 기술 문명의 다채로운 인간적 요소를 발견하는데 있다. 이것이 결여된 사회주의는 하나의 헛된 말에 지나지 않으며, 목적 없는 공산주의의 최후 단계일 뿐이다.

마르크스 사상 자체에서, 인간 존재의 충분한 발전은 소외 제거에 상응한다. 곧, 소외는 단지 자본주의 사회의 경제적 유형이 아니라, 인간을 사물화 하는 객체에 종속된 인간 주체성의 파괴이다. 인간은 자기 고유의 인격을 구성함으로 소외에서 벗어난다.

1.5.2. 욕구 문제

우리는 인간을 만족시키는 모든 욕구가 새로운 욕구들에 대한 요구를 낳는다는 것과 연관하여 인간은 동물들과 다르다고 보는 마르크스 사상과의 일치점을 발견한다. 인간은 그 욕구의 "한계가 없고, 팽창 가능한" 존재이다. 『신성 가족』 리히타는 다양한 범주들을 통해 욕구들을 분석한다.

1.5.2.1. 개인적 욕구

사실 오늘날 보통 인간들에게 우선적으로 필요한 것이 창조적 노동노동혁신, 노동창조이라고 말하는 리히타는 한 눈에 보아도 마르크스주의자가 아닌 것 같다. 다기능 존재인 노동자는 반복적 노동으로 인해 허탈함을 느낀다. 그는 다른 사람과 구별된 개인으로 드러나기를 원한다. 인간의 역사는 집단에 대해 개인을 점진적으로 되찾는 역사이다. 집단화된 경제를 구축한다는 것은 개인들을 원시적 공동체 속에 섞어 버리는 것과 같은 형식의 사회로 회귀한다는 것을 뜻하지 않는다. 더욱이 인간은 개성을 만들기 위한 내적 조화를 원한다. 이는 마르크스가 언급하는 인간의 사물화와 다양한 역할들로 인간을 구분하는 것과 다르게 말하는 것이다. 또한, 노동자는 다른 사람들과의 연관성 속에서 상호적이고, 투명한 관계를 원한다. 사회적 금기사항이나 선입견들은 사라져야 하며, 우리는 서로가 진실하고 투명한 관계 안에 있다는 것을 인식하게 된다. 그것은 착취와 힘의 관계들의 소멸에서 나오는 당연한 결과이다. 또한, 인간은 미美에 대한 욕구가 있으며, 자연과의 실제적 관계를 원한다. 그 밖에도 인간은 어떤 계획을 실현하고자 하는 욕구를 갖고 있으며, 여러 가지 시각들에 대한 욕구, 역사 창조에 대한 욕구 등을 갖고 있다.

이 모든 것이 인간을 완성하는 일에 참여한다. 또한, 이것은 여러 기술수단여러 정보나 교육 등과 여가 및 오늘날 우리가 "다차원적"polysémique이라 부를 수 있을 사회적으로 규정되지 않은 자유로운 시간으로 인해 기본적 욕구가 충족되는 경우에만 가능하다. 그러므로 이러한 자유시간의 회복을 위해, 계획경제의 요소들이 필요하다.

1.5.5.2. 사회적 욕구

사회적 욕구들은 보다 난해하다. 만일 개인이 자신들의 욕구 실현과 그 욕구들이 자율적 방식으로 고안되는 것을 우리가 상상할 수 있다면,

사회적 욕구들의 규정은 더욱 어려울 것이다.

'규범 욕구' besoins normatifs – 주어진 구조 내부의 전문가들, 사회학자들, 경제학자들이 여러 다양한 사회 집단에 대한 규범적 욕구들을 규정할 것이다. 리히타의 관점에서, 이러한 규정은 매우 위험한 일이다. 왜냐하면, 사회적 욕구에 대한 객관적 정의는 존재하지 않기 때문이다. 전통적 사회주의 계획경제 속에서 사회적 욕구에 대한 객관적 정의가 이루어진 것처럼, 우리는 순수 경험적 사건들과 임의적 가치 판단들 사이에서 주저한다. 극단적으로 말해, 비교된 욕구들로 귀착되는 가치, 그러한 가치에 대한 판단에 큰 빚을 안고 있는 과학 분석이 있을 수 있다._{아래를 보라}

우리는 **'약동 욕구'** besoins ressentifs에서 시작할 필요가 있다. 이것은 어느 한 집단이 어떤 순간을 '결여'로 느낄 수 있다는 것을 뜻한다. 이러한 욕구가 실제적인 것인지 입증할 길은 없다. 그러나 더욱 가치 있는 길은 권위적 방법론을 취하는 것보다 그것[권위적 방법론의 선택]을 고찰하는 데 있다. 비실제적이나 이미 확인된 집단적 욕구들에 응답한다면, 그것은 낭패일 것이다. 왜냐하면, 민주주의적 성찰 안에서 볼 때, 약동하는 욕구는 중요하기 때문이다. 그럼에도 불구하고, 일개 집단의 일시적 망상fantaisie을 지속하지는 말아야 한다.

따라서 우리는 **'설명 욕구'** besoin exprimé의 단계로 이행해야 한다. 이 '설명 욕구'는 '약동 욕구'에서 나온다. 그러나 그것은 전반적global단계이자 요청된 단계로 이행된 욕구이다. 그럼에도 우리는 욕구들 자체에 머물러 있는 집단들이 문제들에 국한된 시각_{가령, 1789년의 삼부회의 진정서}을 갖고 있고, 따라서 다음 단계로 이행해야 할 필요성을 확인한다.

비교 욕구들에 대한 과학적 평가는 삶의 수단들, 기술적 조건들이나 유사한 다른 집단과 비교할 수 있는 '어떤 집단'에 대한 분석의 결과에서 나온다. 이차적 집단, 특정 범위의 개체군_{비록 이들이 어떤 결여를 표현하고 있}

지 않더라도은 똑같은 도움을 얻지 않는다. 비교 욕구는 하나의 구역이나 집단 속에 존재하는 서비스 산업과 그와 다른 구역이나 집단에 존재하는 서비스 산업 간의 차이이다.

리히타와 오타 시크는 두 가지 출입문 곧, [첫째로] 바탕에 의해 설명된 욕구들과 [둘째로] 과학자들에 의해 분석되고 반성된 욕구들에 대한 경제계획을 고려한다.

1.5.3. 경영 참여 욕구

산업 자본주의 사회에서 인간은 '조작된' 대상이다. 모든 경제적 결정에서 노동자들을 배제하는 사적 소유로 인해 인간은 소외되었다. 정치적 의회주의에 참여하는 것은 형식적이고 표피적인 일이다. 현대인은 점차 하나의 수단에 지나지 않는 것에 불만을 갖는다. 이러한 상황이 인간 주체성 파괴를 야기한다. 기술 수단들이 증가할수록, 인간은 일개 수단에 지나지 않는다는 느낌 또한, 증가한다. 인간은 여러 도구들에 봉사하는 대신, 그 도구들의 실제적 주인이 되고자 한다. 사회주의는 그 문제를 해소할 수 있을 것이나, 실제로 현실 사회주의 속에서 우리는 똑같은 문제들과 마주친다. 우리는 노동자들과 관계없는 정치 참여를 그들에게 허락했다. 노동자들은 경영 관리와 기술 적용에 참여하고자 하며, 자신들 고유의 실존적 사회 조건들을 창조하고자 한다. 실제 경영에 참여하는 것이 쟁점화 될 수 없으나, 우리가 기대하는 장래의 방향에 구성원 전체가 참여하도록 하는 것은 중요 쟁점이 될 수 있다. 노동자들만이 자신들의 생산 설비, 생산 발전 및 생산 결과들의 관리 기획 제작에 심사숙고 할 수 있다.

이러한 시각들은 마르크스가 인간의 "시작" 혹은 인간 본성의 창조에 관하 말하며 거론했던 것에 상응한다. 그러나 무슨 사람을 만들어야 할 것인가에 관해 언급하지 않는 마르크스와 마찬가지로, 리히타는 단지 인간은 '형성되는 존재'일 것이라 말할 뿐이다. 물론 인간 본성을 말하는 것은 쉬운 작업은 아닐 것이다.

그러므로 주체는 주체 자신에 대한 성찰을 해야 한다. 바로 이 부분에서 인문학이 중요한 역할을 해야 할 것이다. 물론 그것은 인문학이 일부 전문가들의 활동에 그치지 않고, 인간 진보의 회복을 가능하게 하는 모두의 협력의 결과에 서 있는 조건에서 유효하다. 따라서 이 새로운 사회의 기능 활동은 계획경제가 아닌 인간에서 출발할 것이다. 그 사회는 누구도 고위층에서 지배할 수 없는 매우 복합적인 사회가 될 것이다. 달리 말해, 그 사회는 근본 바탕에서 조직될 것이다. 그러나 이러한 사회는 각자가 그 사회 조직을 위해 행동하고, 참여하기를 결심하는 한에서만 가능할 것이다. 여러 사회과학은 그들에게 도움을 줄 것이다. 그러나 그 방식은 강압적 방식이 되지 않을 것이다. 사회주의는 "주어지는 것"이 아니라, "만드는 것"이다.

인간은 사회를 만들면서 동시에 형성된다.

1.6. 리히타의 인간주의와 비판들

리히타가 생각하는 마르크스주의는 하나의 인간주의이다. 곧, 개별자에 집중되어 있는 인간주의이다. 마르크스에게 있어, 인간은 무엇보다 생성되는 존재이자 사회적인 존재이다. 이는 전통적 개인주의와 대립되는 생각이다.

알튀세르의 해석과 더불어, 우리는 마르크스 사상 속에서 개인을 재평가한다.[57] 알튀세르는 주체와 개인에 반대한다. 그는 마르크스의 주

---

57) 1970년 「사상」(*La pensée*)지에 수록된 알튀세르의 논문을 참고하라.[역주] 위에 언급된 「사상」지(151호, 1970년 6월)에 수록된 알튀세르의 논문 제목은 「이데올로기와 이데올로기적 국가 장치」(*Idéologie et Appareils idéologiques d'État*)이다. 이 논문은 1964-1975년 사이에

체 개념은 헤겔 철학에서 파생한 것이며 하나의 이데올로기적 개념이라는 것을 보여준다. 즉, 주체 개념이란 "개인을 주체로 호출하는 이데올로기"이다. 주체/객체의 대립이 헤겔의 이데올로기적 사유를 설명한다. 사회체에 관련하여 인간에게 남아 있는 것은 개인이 유일한 현실성이라는 점이다. 내엘뢸 시각에, 알튀세르는 철학적 주체와 정치권력의 주체를 약간 혼동하고 있는 것처럼 보인다. 실제로 알튀세르는 지배 계급의 통치 속에서는 개인들이 아닌 복종을 위한 주체가 필요하다고 설명한다. 왜냐하면, 주체만이 이러한 정치 체제의 지지자가 될 수 있고, 이 점이 바로 주체의 역할이기 때문이다. 반면, 개인은 이데올로기로 환원될 수 없다. 여기에서 우리는 어원학적 의미, 즉 '더 이상 나눌 수 없음' l'indivisible이라는 뜻에서 "개인"을 이해해야 한다. 알튀세르에게는 사회체와 개인의 불가분한 중심 사이에 하나의 변증법이 성립한다. 따라서 알튀세르는 사회주의 발전 속에 있는 개인처럼 인간 존재를 생각하는 리히타의 시각과 다시 만나게 된다. 하지만, 주체를 포함, 일체의 헤겔적 요소를 제거하는 알튀세르는 마르크스의 근원적 사상에 충실한가? 그는 마르크스 사상에 존재하는 헤겔 사상의 모든 흔적을 제거하고픈 자신의 욕망관심에 따라 좌우되었다. 즉 사실상 알튀세르의 견해는 주체 일부의 배설évacuation이다.

비판들 – 우리는 매우 복잡한 하나의 집합체를 마주하고 있다. 그것은 산업 구조의 추세들에 따라 분리, 분할이 쟁점화 되는 과학기술 혁명의 여러 성향들에서 나온 구축물이다. 만일 우리가 구조의 유일한 요소를 빠뜨린다면, 모든 체제가 붕괴되는 것과 밀접한 어려움이 있을 것이다.

발표된 논문 모음집인 『입장들』 Postions (Les éditions sociales, 1976)에 재수록 된다. 알튀세르의 또 다른 저서인 『재생산에 대하여』 Sur la reproduction, 김웅권 역 (동문선, 2007)의 부록에도 포함되어 있다.

이는 허약한 체제이다.

우리는 다음의 네 가지 주제들로 회귀될 수 있는 비판을 통해 일체의 취약함을 발견할 수 있다.

- 리히타는 과학기술 발전의 긍정적 측면만 생각할 뿐이다. 가령, 그는 사회, 정치적 단계에서 과학과 기술에 의해 야기되는 모순들에 대해 전혀 암시하지 않는다. 그에게 있어 과학적 작업이란 항상 긍정적이다. 즉, 과학자들에게 그것은 하나의 지적 혁명이다. 그것은 지식인, 과학자, 기술전문가 계층의 요구 사항으로 나타날 수 있다. 리히타는 공해, 대기오염, 자원 고갈, 기하급수적 성장 등의 문제들을 고려하지 않는다.

- 리히타는 저개발 국가들의 문제를 완전히 망각했다. 심지어 매우 체코슬로바키아적인 상황이 마치 세계의 시각인 것처럼 나타난다. 그가 말하는 것은 그의 조국이나, 러시아, 동독과 같은 매우 발전된 나라들에 가치가 있지, 헝가리, 루마니아, 불가리아 같은 나라들에 가치가 있는 것이 아니다. 이러한 사회주의 혁명의 새로운 단계는 제3세계를 전적으로 무시했다. 또한, 리히타는 국가적 모순점들도 무시한다. 그는 이웃 사회주의 국가들에서 보일 수 있는 반응에 대한 최소한의 생각도 갖고 있지 않다.

- 리히타는 산업사회에서 출발하여, 과학기술 문명에 도착하는 것으로 사유를 멈춘다. 이 둘 사이에서 그는 사회적 요구들에 의해 야기되는 하나의 역동성을 내세우지만, 이러한 역동성의 힘에 대한 커다란 불확실성도 유지한다. 리히타는 다음과 같이 공식화한다. "오

직 사회주의만이 기술의 자유로운 흐름을 가능하게 한다. 완성을 위해, 기술은 사회의 모든 힘들의 사용을 전제한다." 그러나 이러한 정식은 어떻게 전개될 수 있는가? 마르크스가 제기하는 역사의 필연적 전개와 반대로, 리히타는 '선택의 문제'를 개방한다. 그는 이러한 전개 방법을 구분 짓는 수많은 '출발점들'을 제기한다. 그러나 하나의 시작점에서 또 다른 시작점으로 이행을 발생시키는 모델의 내적 역동성은 존재하지 않는다. 둡체크에게 있어, 이것은 실천적 관심사이다.

– 개인적 욕구들의 문제. 과학기술 혁명에 인간주의적 가치를 부여하는 것은 인격 총체 안에서 피어나는 욕구들의 발전에서 오는 인간 자율의 가능성이다. 이 주제에 관하여, 우리는 다음의 세 가지 비판점을 작성한다.

① 리히타는 욕구들의 발전에 관해 매우 진부한 역대기적역사적 설명을 했다. 산업 혁명 이전의 욕구들은 안정적이었다. 그리고 욕구들은 산업 생산 그 자체에 의해 발전된다. 동시에 그것은 노동력 재생산에 의해 제한된다. 과학기술 혁명은 새로운 상위 욕구들의 자극에 따라 기본 욕구들에 대한 과거의 범위^{cercle}를 해체한다. 이 진부한 도식은 역사적으로 확증되지 않는다.

② 또한, 오늘날 일차적 욕구들과 이차적 욕구들, 하위 욕구들과 상위 욕구들, 자연적 욕구들과 문화적 욕구들 등을 구별하는 작업은 더는 용이하지 않다. 마찬가지로 전통 사회에서 충족되는 자연적 욕구들과 산업 사회에서 억압되어 있는 욕구들이 존재한다는 생각은 반론의 여지가 있다. 이것은 심리–사회학파의 비판이다. 그러나 이러한

비판의 기초를 이루는 분석은 결국, 정당성을 얻지 못할 것이다.
③ 과학기술 혁명은 새로운 욕망들과 욕구들의 만개를 힘입어 인간성 전체의 발전을 가능하게 할 시간의 자유를 선사할 것이다. 그러나 인간 그 자신이 보다 상승된 사회적 욕구들에 자발적인 관심을 갖고 있는가? 그렇지 않다면, 향후 이러한 종류의 욕구들에 부합하는 여러 동기들의 발전을 위한 실험이 있을 것인가? 리히타의 시각에, 욕구들의 자유로운 발전이 필요하다. 그러나 우리는 어떠한 방향에서 그러한 욕구들로 나아가야 하는가?

내 관점에서 볼 때, 리히타는 마르크스의 방법론을 새로운 상황에 신중하게 적용했다. 그는 마르크스 철학사상, 특별히 『독일 이데올로기』와 『신성가족』에 나타난 마르크스 철학사상을 매우 분명하게 이해했고 해석했다. 그는 공산주의 운동을 마르크스가 제시한 방향 내에서 재정립하고자 했다. 특히 정복 및 집권으로 인해 상실했던 [본래의] 방향에서 공산주의 운동을 재정립했다. 바로 경제 부분에서 [리히타의 시도는] 마르크스와의 가장 큰 수렴점을 갖고 있다. 더불어 우리는 마르크스의 경제 분야가 가장 오래된 난제라고 말할 수 있을 것이다.

2. 오타 시크

오타 시크는 리히타와 달리 경제학자이다. 그는 자본주의를 복구하기를 바란다는 이유로 러시아인들의 심한 비난과 악평에 시달렸다. 그러나 실제로 그들은 오타 시크를 오해한 것이다. 특히 프랑스 일간지 「르 몽드」에서도 우리는 그에 대한 오해를 발견한다.

오타 시크의 주요 저서들은 프랑스어로 번역되지 않고, 독일어로 번역되어 있다.

『경제, 이윤, 정치』체코어 1964년, 독일어 1968년.
『사회주의 경제에서 계획과 시장』1970.

두 권의 저서가 프랑스어로 번역되어 있다.
『체코슬로바키아 경제에 관한 진실』1973.
『제3의 길』1974.

오타 시크는 철학적 연구를 하지 않았으며, 그의 주장은 다음의 두 방향으로 진행된다.

- 그는 체코와 소련 경제의 부적합한 기능들을 점검한다. 그가 서구적 실효성에 대한 여러 기준을 참조했다는 것을 통해, 종종 우리는 오타 시크와 흐루시초프가 동일 노선에 있다고 말했다. 오타 시크는 자본주의에 맞서 경쟁하는 '성장'을 계획한다. 그러나 여기에서 중요한 것은 '질적 성장'이다. 그는 사회주의 체제의 비합리적 요소들을 축소하고자 한다.

- 그는 리히타가 주장하는 것과 같은 경제 계획의 결과들에 대한 정의를 모색한다. 그는 산업 체제 극복에 대해 적절한 시각을 갖고 있다. 그가 1957년 체코 경제 개혁을 위해 만들었던 첫 번째 계획은 "경영 개선"gestion améliorée이라는 명칭을 갖고 있었다.

2.1. 이윤 문제

리히타에게 있어 본질적 요소는 욕구들의 문제이다. 시크는 이익 문제에 접근한다. 시크는 다음과 같은 마르크스의 정식『신성가족』에서 출발한다. "자발적이고 자유로운 인간의 활동 전체를 통해 부여되는 사회 발전 속에 법칙들이 존재한다." 이는 마르크스 사상의 모순된 측면이다. 곧, 어떻게 자유로운 개인들의 활동이 부여된 법칙들에 의해 표현될 수 있는가? 그의 전반적인 처신으로 볼 때, 리히타에게 인간은 하나의 로봇이 아니라는 것을 의미한다. 우리는 행동의 개인적 동기들을 무시할 수 없다.

경제적 관점에서 볼 때, 이것은 이윤^{이익}이라는 용어로 표현된다. 여기에서 중요한 것은 고전적 경제 도식에서 말하는 "경제적 인간"homo oeconomicus의 이윤에 대한 계산이 아니다. 개인 이익의 주제에 관한 근본적 물음이 있다. 곧, 인간이 이윤을 갖지 않는다면, 결코 어떤 것도 기능할 수 없을 것이다. 사회적 작동기제들은 집단적 이윤과 사적 이윤을 중재하고자 노력한다.

인간은 물질적 혹은 경제적이지 않은 무수한 행동들에 관심을 가질 수 있다. 그 관심들은 인간화되는 과정을 따라 다양한 욕구들로 표출된다. 곧, 동물에서 인간으로의 이행은 심리적 욕구에서 관심 사항들에 대한 창조적 상상으로의 이행으로 나타난다. 오타 시크는 사회주의 세계에서 '상상력'이 인간의 창조적 활동 가운데 하나라는 생각을 추진한 최초 인물 가운데 하나였다.

오타 시크는 인간이 주어진 하나의 주제에 대해 지속적 방식으로 노력을 기울일 때 이윤이 발생할 것이라고 규정한다. 이러한 인간의 노력은 환경 변화, 특히 사회 변화를 견인할 것이다.

인간이 경제와 경제적 이윤 영역으로 이행하는 경우, 먼저 경제활동을 지향하고 다음으로 경제활동의 결과물들을 지향한다. 이러한 이윤은 경제적 관계들을 따라 발생하고, 생산력에 대응하면서 발생한다.

인간은 경제적으로 발생한 이윤을 소유한다. 그러나 현대 사회에 있는 여러 문제 가운데 하나는 이러한 이윤들이 감소하고 있다는 것이다. 반면 3차 산업의 증가, 노동 인구 증가, 생산과 직접과 연관성 없는 직업들은 급여의 다양한 분화 현상을 이끌어낸다. 여기에는 재화 생산에서 가장 직접적으로 활동하는 사람들이 재화 생산에서 멀리 떨어져 있는 이들보다 보수를 적게 받는 일도 있다. 직접적 생산에서 멀어질수록, 인간들은 비非경제적 주제들에 더욱 관심을 갖게 된다.

변화하는 사회는 경제에 관한 '상대적 무관심'이라는 특성을 갖는다. 따라서 그 '상대적인 무관심'은 생산력 발전을 중단시킬 수 있고, 새로운 생산관계의 출현을 불가능하게 할 것이다. 오타 시크가 해결의 노력을 기울이는 주요 문제 가운데 하나는 사람들이 어떻게 경제 활동에 대한 관심을 재발견할 수 있을 것인가이다.

이러한 문제에 맞서기 위해, 돈, 소비, 생산, 노동 등과 같은 다양한 경제적 관심 사항들을 구별해야 한다. 그러나 한 편으로 경제에는 기본생활에 필요한 관심도 존재하며, 새로운 경제 모델 구성 및 경제 구조에서 전개되는 권력에 대한 관심도 존재한다. 오타 시크는 다음과 같은 공식으로 이를 종합한다. 곧, 기업의 관심, 특수한 경제적 관심은 창조와 경제적 발전의 실제적 동력을 구축한다. 그가 중요하다고 보는 것은 마르크스주의 시각에서 볼 때 이단적 태도이다. 새로운 사회 형태의 도입을 목적으로 인간은 거대 경제 집단 최고 수준에 준하는 작업의 단계에서 그 어떤 것이라도 창조한다. 이러한 기업의 관심, 즉 기업가들의 관심이 자본주의의 기원이 되었다. 그러나 자본에 대한 사적 관심은 기업이 갖는 보편적 관심의 우발적, 역사적 형태일 뿐이었다. 실제로, 자본에 대한 사적 흥미는 더는 경제 활동의 동력이 아니며, 기업의 관심을 불러일으키지 않는다.

이익에 대한 개략적 설명에 대하여, 시크는 두 가지 견해를 정식화한다.

- 전통 사회주의의 몇 가지 오류들

• 이익에 대한 순진하고 단순한 무지 : 우리는 사회주의 사회에서 개인은 순수하고 도덕적 자극에 따라 활동할 수 있다고 생각하며, 경제적 자극들을 제거한다. 자극은 외부에서 오는 것이며, 개인에게 이익은 내적인 것이다.

• 자본가가 더는 존재하지 않음으로 인해, 계획 성취에 대한 제반 이유들 확보에 있어 사회주의 사회 안에 있는 것으로 충분하다는 확신. 그러나 우리는 그러한 상황에 있지 않다. 이러한 주장은 지난 50년 동안 사회주의가 지속된 이래로, 이 사회에 살고 있는 노동자들을 만족시키지 못한다.

• 수공업 노동자들에게 인정되는 이익만 사용 가능한 이익이며, 그것이 모든 사회에 부과되어야 한다는 믿음. 이러한 이익은 당, 정부 등에 의해 공식적으로 인정된 것이다. 그러나 현실은 그렇지 않다. 실제로 사회가 그러한 이익을 인정하기 때문에 당, 정부 등에 의해 인정된 이익은 노동을 자극독려하기에 불충분하다. 우리는 [자

신이 의무적으로] 수행해야 하는 이익$^{\text{intérêt d'entreprendre}}$에 관심을 기울이지 않는다.

노동자의 이익이 항시 고려될 수 있는 유일한 지점이 있다. 곧, 사적 자본주의의 폐지로부터 오는 이익이다. 자본주의 국가에서 강력한 힘을 발휘하는 이러한 이익은 더는 경제적 이익을 구축할 수 없는 [전통] 사회주의 국가에서는 취약하다.

– 사회주의 사회에서 기업의 이익 추구란 무엇인가?

우리가 자본주의적 경제 발전과 사회주의적 경제 발전을 비교한다면, 사회주의 경제의 효율성이 떨어지며, 더욱이 사회주의적 잠재성 역시도 적게 포함하고 있다고 말할 수 있을 것이다. 과거의 모델에 틀어박히는 대신, 생산 성장의 총체적 발전에 필요한 토대들 뿐 아니라 사회 전체 발전에 필요한 경제적 토대들을 의식적으로 창조해야 한다. 마르크스에 의하면, 최종점은 사회 전체의 발전이다. 경제는 이러한 발전을 위한 하나의 도구이다. 경제는 오직 사회적 생산의 성장률과 자본/노동 요소 전체의 성장률 사이의 간격이 존재하는 한에서 발전할 수 있다. 이것은 생산을 위한 필수 요소들$^{\text{자본/노동}}$의 총체가 존재한다는 것을 의미한다. 그 필수 요소들은 이미 주어져 있는 것과 똑같은 것을 생산할 수 있을 것인가? 보통 우리는 "투입된 재화와 서비스"의 성장에서 "산출물"^{생산품}의 품질 성장을 기대한다. 실제 진보는 두 가지 성장률 사이의 간극을 내포한다. 즉, 생산의 진보는 투자의 진보보다 더 상승되어야 한다. 이것은 부분적으로 기술 발전에 의해 결정된다. 그러나 기술의 실제 성장은 우리가 질적 영역으로 들어가기 위해 양적 영역과 집약적 경제관에서 벗어나는 현상을 빚어낸다. 성장률이 투자율과 똑같은 경세는 신장된 경제이다.

현실적으로 우리는 강화된 특성을 갖고 있는 경제 발전 양식과 생산 속에 새로운 요소들을 사용하는 환경으로 이행할 수 있다. 전통 사회주의는 새로운 생산 양식들을 통합할 수 없다. 경제의 가치는 추가로 생산된 철강의 무게톤로 측정되는 것이 아니라, 혁신과 구조 변혁 능력이 증대되는 기술 수준에서 측정된다.

2.2.2. 경직된 경제계획

이 점에 관해 시크는 매우 엄격하다. 곧, 이러한 계획경제는 노동 인력 동결로 이끈다. 각 분야의 경제기획 인사들은 실질 생산 증가 대비 노동 인원수를 예측한다. 또한, 색다른 어떤 것을 위해 노동 인원을 제거하는 것은 어렵다. 경직된 경제계획은 기계 노화기재와 설비의 극한까지 밀려 약화되는 상태와 기계들의 갱신 불가능성을 야기한다. 왜냐하면, 이 기계들을 구축하는 것은 [경제] 계획 속에 들어와 있고, 고정된 생산 모델을 갖고 있는 기업들 자신이기 때문이다. 우리는 현대의 생산적그리고 비생산적 활동 분야들을 위한 신뢰를 결코 제거하지 않는다. 새로운 계획 창출을 제외하고, 계획 속에는 어떠한 우선성의 여지도 없다.

바탕에 깔려 있는 실제적 욕구들을 점차 고려하지 않고, 산업 구조의 가능태들을 더욱 고려하는 계획경제 체제는 소비자들의 현실적 욕구들과 무관한 소비재 제공을 야기한다. 오타 시크는 체코슬로바키아와 마찬가지로 소련에도 1960년 이후로 판매되지 않고 판매 불가한 상품들에 대한 축적이 있다는 것을 보여준다. 마찬가지로, 저축 일부분이 거세 stérilisation되었다. 비록 돈이 아무런 역할을 하지 못하더라도, 사람들은 시장에서 물품들을 구매하는 것보다 저축하는 것을 선호한다. 오타 시크는 1967년 재고품과 판매 불가 상품들에 해당하는 금액이 2,000억 코루나

58)에 달한다고 제시한다. 또한, 이것은 앞의 2,000억 코루나를 예금할 수 없다는 말과 동일하다.

2.3. 시장

2.3.1. 시장은 실제적 욕구들을 평가하기 위해 필수적인 요소처럼 보인다.

그러나 실제적 욕구들이 무엇인지 알기 위해서는 구성원들에 타당한 물품과 동일시되는 다양한 상품들의 제공이 필요하다. 오직 시장의 작동방식이 경제 전체의 실제적 취약성을 이해하도록 하며, 기업을 시험할 수 있게 한다. 이것은 우리가 서비스 사회, 사회 발전 등에 이르기 위해 산업화를 극복할 수 있을 만큼 발전되었을 때만 존재 가능하다.

다음과 같은 시장의 성격에 주목해야 한다. 곧, 시장은 국제 지평에서 경쟁력을 갖추기 위한 유일 수단이다. 그럼에도 불구하고, 현실 경제는 폐쇄된 순환 구조 속에 사는 것을 더는 허용하지 않는다. 현실 경제가 자신의 원재료들을 서구 세계에서 수입하는 것은 체코슬로바키아에서는 더욱 더 상상하기 어려운 일이다. 현실 경제는 수출해야하고, 따라서 똑같은 품질과 경쟁력 있는 가격을 산출해야 한다. 그러나 [현실은] 그러한 입장이 아니다. 실제로 지속되고 있는 정치는 다음과 같이 규정될 수 있다. 하나의 기업의 적자가 늘어날수록, 상품들은 점차 판매하기 어려워지며, 사람들은 기존 정치에 점점 희망을 갖게 될 것이다. 따라서 우리는 다음과 같은 놀라운 상황에 이르게 된다. 곧, 이윤을 남기는 채산성 있는 하나의 기업이 뒤쳐져 있는 기업들을 지탱하기 위해 수익을 상실하게 된

---

58) [역주] 체코어로 koruna. 체코슬로바키아 화폐 단위. 체코와 슬로바키아 분리 독립 이후, 체코 공화국은 현재까지 코루나를 화폐 단위로 사용하고 있다.

다. 그러므로 체코슬로바키아 시장에 세계적인 가격들의 재도입을 해야 한다. 적자를 보충해야 할 때, 국가 전체가 그것을 지불하기 때문이다. 세계의 여러 국가들과 경쟁하지 않는 일을 더는 인위적으로 유지하지 말 아야 한다.

2.3.2. 시장에 대한 이론적 정당화

오타 시크는 마르크스 경제사상 속에서 시장 이론의 정당성을 찾는다. 그는 마르크스 경제사상 안에 있는 '가치이론'과 '가격이론'을 계승한 다. 오타 시크는 시장의 경제적 유용성에 상품 이론재화들을 상품들로 변형하는 일은 사회주의 사회에서 제거되어야 한다을 동화시키지 않는다. 마르크스는 다채로운 종류의 상품을 생산하는 데 필요한 노동의 계산 문제를 제기했다. 노동 가치는 성립하기 어렵다. 곧, 전체 노동 시간이 서로 서로 균등한가? 마르크스에 앞 서, 이미 프루동은 노동은 인간 삶의 표현이기 때문에 노동자의 역량이 무엇이건 노동 시간들은 균등하다고 주장하며 그러한 질문을 해결했다. 또한, 프루동의 견해에 의하면, 우리는 다양한 인간들의 삶을 서열화할 수 없다.

이 점에 관해, 마르크스의 입장은 가변적이다. 모든 노동은 서로 동일하지 않다. 만일 동일하다면, 동일 분량의 노동에 필요한 모든 재화들은 똑같은 가치를 갖게 될 것이다. 이것은 증명되지 않는 것이다. 노동은 어떻게 균형을 잡는가? 마르크스 사유의 일면에 따르면, 생산 가치와 사용 가치의 관계를 고려해야 한다. 즉, 하나의 재화 생산을 위해 사회적으로 필요한 노동 시간은 그 재화의 "절대 가치"를 결정한다. 그러나 생산된 그 재화는 어떠한 욕구에 응하고, 어떠한 요구가 있을 때에만 유효하다. 그 요구가 재화의 사용 가치를 결정할 것이다. 이러한 사용 가치는 약간 높거나 낮게 책정될 '가격'이라는 형태와 '집단 노동 시간에 따라 계산된 절대적 가치'에 따라 설명될 것이다. 여기에는 매우 심각한 불균형이 존재할 수 있다. 이 사용 가치는 제공된 상품들 전체에 따라 변할 것이다. 사용 가치와 생산 가치를 균등하게 하려면, 시장에서 만나야할 필요가 있다. 시장으로 인해, 가치 생산 조건들과 사용 가치 사이에 어떤 변증법이 형성된다. 이 변증법의 결과인 가격 변동^{mouvement}이 하나의 생산 가치를 올리거나 내리는데 취해야하는 방향을 지시한다. 이러한 해석은 『자본론』 III권에 있다. 거기에서 시장의 작동기제는 필연적이다.

우리는 동일하게 『자본론』에서 마르크스의 또 다른 성찰의 측면을 발견한다. 이러한 대안에 의하면, 사회주의 사회에서 우리는 재화 생산에 필요한 노동을 미리 고정시킬 수 있을 것이다. 더불어 우리는 기계적 계산에 의해 필요 욕구들을 알 수 있을 것이며, 이러한 이중적 예상을 따라 하나의 계획에 접근할 수 있다. 공급과 수요의 조정은 유일하게 [전문] 기술적 질서의 평가에 따라 자동으로 이루어진다. 이는 엄격한 계획경제의 출현이다. 바로 마르크스 사상 속에 이러한 방향이 소련의 계획경제를 인도했다. 이러한 해결책 안에서 우리는 가격 문제 뿐 아니라 임금 관련 문제와 대면하기를 회피하고 있다. 그렇다면, 더는 시장은 존재하지 않는다. 그러나 또한, 우리는 소련이 생산된 재화들과 욕구들에 대한 개별적으로 적응시키는 문제에 부딪혔다는 것을 확인했다. 우리는 임금들을 재도입해야 했다. 또한, 미국에서 확인된 직업과 해당 직업 급여의 위계에 상응하는 임금의 단계들을 재도입해야 했다. 그리고 바로 이러한 임금에 따라, 우리는 국제 시장에서 필요한 가격들을 정했다.

오타 시크의 시각에, [위에서 언급한 마르크스] 사상의 두 번째 방향은 이론상 거시 경제적 지평에서만 가능하다. 그러나 생산 가치와 사용 가치의 조절을 위해서는 마르크스에 대한 첫 번째 해석, 곧 시장을 유지하는 방향으로 되돌아가야 한다.

물론 마르크스는 시장을 비판한다. 그러나 쟁점은 자신의 경제적 역할을 객관적으로 하지 못함으로 인해 오류를 갖게 되는 자본주의 시장이다. 자본주의 체제에서, 우리 인간은 시장의 이러한 경제적 역할을 존중하지 않는다. 그 체제에서 우리는 투기가격을 두고 벌이는 놀이를 조장하거나 "개방" 시장 제거 경향과 자본가 압력에 따라 "지배되는" 시장 구축 경향을 보이는 독과점 기업 창출의 요소 제작을 위하여 시장을 조작했다.

2.4. 계획과 시장

계획경제는 사라지면 안 된다. 계획과 시장은 반드시 모순되는 것은 아니다.

2.4.1. 사회주의 내부 시장

자본주의는 시장의 경제적 역할을 오염시켰다. 사회주의는 진정성을 갖고 있는 시장의 존재를 보증할 수 있어야 한다. 즉, 이윤들, 사용 가치들, 생산 가치들의 대조confrontation가 보장되어야 한다. 이상적 자유 시장이 중요하다. 이것은 모든 사람이 평등한 상태로 흘러가는 완벽한 시장이어야 한다. 소비자들의 조작, 독점 기업 형성, 그릇된 욕구들의 제안이나 무용한 재화들의 선호 현상을 금지시켜야 한다. 따라서 사회주의 기업들은 서로 간에 진실한 하나의 관계를 유지할 수 있을 것이다.

이러한 관계는 "생산을 위해 사회적으로 필요한 거시 경제" 구성을 가능하게 한다. 또한, 이러한 조절 역할은 임의적 결정을 시장에서 표현되는 여러 욕구들에 대한 해석을 통한 행정적 결정들로 대체시킨다. 그러나 사회주의 사회에서, 시장에 대한 이러한 해석을 진행시키는 이들은 자본가들이 아니라 경제기획자들이다.

경제계획에 의해 표현된 시장에 대한 일종의 수정 작업이 지속적으로 있어야 한다. 이 경제계획은 일방향적 설명이 아닌, 시장에 대한 사회적 영향력을 발휘할 수 있어야 한다. 시장에 불가피하게 들어오는 불평등과 불균등은 경제적으로 비판 받을만한 것이 아니다.

그러나 사회주의 사회에서, 그것은 사회적으로 수용 가능한 것이 아니다. 계획은 시장보다 더 좋은 경제적 도구가 아니다. 시장은 사회적 이익들의 중량을 표현하는 역할을 하며, 사회의 방향 설정을 순수 경제적 작동방식보다 우선시하는 역할을 한다.

2.4.2. 계획/시장의 연결은 장기간, 거시 경제적 수준에서 시장의 자발성과 규칙성의 한계를 의미한다.

바로 이러한 단계에서 경제 발전의 목표들이 고정된다. 국가 수입의 분배와 재분배 같은 것이 그 사례로 제시될 수 있을 것이다. 경제계획은 반독점적 수입들과 척도들을 내세우는 정치를 포함해야 할 것이다. 이러한 결정들과 척도들은 시장에 영향을 미칠 것이며, 시장 자체의 발전주기는 그것에 의존하게 될 것이다.

시장으로 일부분 회귀함으로 경제 변화에 적응하는 것이 쟁점은 아니다. 그것은 베텔아임[59]의 단순한 해석이다.

오타 시크가 작업하고 있는 것은 완전히 다른 경제 모델의 구축이다. 목표는 이익 경쟁, 특별히 비생산자들의 이익에서 나오는 사회경제적 효과들을 제어하는 법을 얻는 것이다. 리히타와 오타 시크가 고려하는 사회에서는 비생산적 집단학자, 교사, 예술가 등이 증가한다. 경제계획이 생산

---

[59] 샤를 베텔아임 Charles Bettelheim (1913-2006)은 마르크스주의 경제학자로서 여러 평가를 내리는 일을 즐겼다. 그는 생산력이 여러 사회적 관계들에 대한 우선성을 갖고 있다는 마르크스주의적 '경제주의'에 반대하며, 마오쩌둥의 중국에 친근감을 표방했다. 그의 여러 저서들은 계획 경제의 가격 문제에 집중되어 있다. 다음 저서들을 참고하라. 『경제계획의 이론과 실천 문제』Problèmes théoriques et pratiques de la planification (Maspero, 1966), 『사회주의 경제로의 이행』La transition vers l'économie socialiste (Maspero, 1968), 『경제적 계산과 소유형태』Calcul économique et formes de propriété (Maspero, 1970).

자들만 고려해야 한다면, 각 구성원이 가져오는 성장의 한 부분이 망각될 것이다. 더욱이, 시장에서는 재화들을 판매해야 하는 이들만이 활동할 수 있다. 제작 형성된 사회에서, 개인적으로 표현된 욕구가 아닌 집단 전체에 봉사하는 추상적 서비스들이 점차 증가한다. 이러한 교환의 형태는 시장에서 표현될 수 없다. 오직 계획만이 그것을 예상할 수 있다. [경제]계획은 비생산자들의 이익이나 추상적 서비스 직종의 생산자들에게서 나온 이익을 재전달하는 역할을 한다. 이로부터 거시 경제적 차원을 평가하려면, 경제 전문가들이 아닌, 생산자와 비생산자 동수同數의 의회 대표자가 필요하다. 오타 시크는 이러한 동수 의회 대표에 관해 수없이 강조한다.

미래 예측은 오직 계획 단계에서 세울 수 있다. 시장은 미래를 예측할 수 없다. 시장은 생산의 존재 구조를 재생산하는 것에 만족할 뿐이다. 미래를 생각하려면, 기술 혁신과 기술 혁신의 경제적 결과물들을 고려해야 한다. 또한, 시장이 결코 만들 수 없는 사회적 욕구들을 생각해야 한다. 계획을 통해 우리는 의식적 요인과 지적 요인을 받아들인다. 시장 그 자체는 하나의 기계처럼 기능한다. 엄밀히 말해, 사회적 욕구들을 고려하는 것은 하나의 경제 영역 안에서 의의를 갖지 않는다. 그것은 의지이며, 도덕적 요청이다.

마찬가지로, 추상적 서비스 생산은 어떠한 직접적인 경제적 필요성에 따르지 않는다. 따라서 이러한 도덕적 요청은 계획에 의해 경제적으로 수용된다.

이러한 시장-계획의 결합은 거시 경제 지평에서와 같이 미시 경제 지평에서도 자주自主 관리autogestion를 실현할 수 있을 것이다. 거시 경제 단계에서, [미래] 예측들은 시장에서 확인된 것에 따라 항상 재조정 되어야 할 것이다. 계획과 시장 사이에 하나의 상호적 역할이 존재한다. 오타 시크는 이것이 거시 경제 모델로서만 경제계획을 거론했던 마르크스 사상에 일치한다고 생각한다. 그러나 우리는 시장의 결과물들을 담당해야 한다. 가령, 생산성과 효율성에서 추월당한 기업들을 폐쇄해야 하는 위험 요소 같은 결과물도 짊어져야 한다.

2.4.3. 계획 실현

경제계획은 새로운 모델을 보여준다. 그것은 "행동에 앞서고, 계획 없이는 욕망된 결과들이 생산되지 않을 어떤 상황에 개입하는 긴밀하게 연결된 결정들 일체에 대한 구성과 평가를 내포하는 하나의 과정이다." 계획은 결코 엄격하지 않다. 오히려 항상 제작중이다. 결과물들은 각각의 경제적 실현을 따라 평가된다. 그것은 하나의 수정 가능한 과정이다.

경제계획의 체계는 지속적으로 시장의 상황을 연구하고, 어떠한 방향을 설정하거나 일련의 오용을 예측하기 위해 시장에 압력을 가하도록 하는 핵심 전망의 작동방식을 전제한다. 동시에 이러한 작동방식은 기업들 간의 협력 체계가 되어야 하고, 탄력 있는 체계가 되어야 한다.

그 작동 체계는 해당 관계자들 자신이 만들어야 하지, 계획 수립에 참여하는 경제 전문가들이나 일부 관료들이 되어서는 안 된다. 정상에 서 있는 전체적 경제 계획일 필요는 없다. [우리가 논하는 경제적] 작동방식은 항상 바닥에서 출발해 정상을 향해 재도약한다. 우리는 생산 구조들에 선행하는 경제계획을 통해 시작한다. 이때의 경제기획에 요구되는 것은 과학기술적 진보에 대한 고려이다. 생산 과정들은 시장의 특수한 역할을 고려하면서 계획된다. 경제계획의 전체적 방향은 **외적 팽창**extensive 경제를 **내적 강화**intensive 경제로 전환하는 것이다. 즉, 목표는 경제의 질적 변화이다.

계획-시장의 접촉은 마르크스가 『정치경제 비판을 위하여』에서 "어떤 이론 체계도 인식에서 주어진 하나의 순간과 장소에 대해 상대적인 한계점을 넘어설 수 없다"라고 기록했던 것에 대한 훌륭한 번역이다.

어떠한 인식도 – 특별히 경제적 인식 – 객관적으로 참이 아니며, 과학적이지도 지속적이지도 않다. 모든 인식은 주어진 순간과 장소에 따라 우발적으로 존재하는 것이다.

2.5. 경제 민주화

사회주의 사회에서 경제를 생기 있게 되돌릴 수 있는 유일한 방법은 민주주의 길을 끌어 오는 것이다. 즉, 관계자 자신들이 해당 업무를 관리하는 것이다. 실제로 이러한 요구는 자리를 잡기에 복잡한 것이다.

2.5.1. 민주적 결정

계획 결정 사항의 민주적 선택은 생산자 대표자들과 비생산자 대표자들에게 평등한 힘을 부여하고 대안 계획들이 지속적으로 제작되는 것을 따라 진행된다. 대안 계획이나 기획들을 결정하는 토대에 대한 선정은 관계자들 자신에 의해 실행된다는 점이 중요하다. 대안 계획들은 의회에 제시된다.

동시에 언제나 기관 조직들 속에서 나타나는 결정의 독점 현상도 막아야 한다. 심지어 출발부터 민주적이라고 자처하는 이들의 독점 현상도 저지해야 한다. 경제적 장에서 이러한 장애물을 피하기 위해서는 잉여가치 집적화에 대해 감시해야 하고, 국가 수입 분배에 대한 정치적이거나 경제적이지 않은 사회적 규정에 도달해야 한다. 더불어 결정을 내리는 기관들과 과정들을 탈(脫)중심화해야 한다. 이에 관한 생각은 다음과 같은 이중적 성격을 갖는다. 첫째로, 결정을 내리는 핵심 권력들을 극단적으로 해산하는 것이 있고, 둘째로, 결정의 여러 과정들을 결집시키고 응고

시키는 현상들을 피하는 것이다. 결코 어떠한 것도 제정되지 말아야 한다. 그리고 결정적으로 어떠한 것도 '제도화' l'institutionnalisation될 수 없다.

2.5.2. 효율성과 관계된 경제 민주화

기술 상태가 보다 효율성 있는 단계에 이르기 위해서는 효율성이 떨어지는 산업 생산을 극복하는 것이 중요하다.^{cf.} 리히타 이러한 단계에 근접하려면, 이미 우리가 앞서 언급했던 것처럼 민주화, 결정 과정의 만인 참여 및 자유 시간 증가가 반드시 있어야 한다.

경제적 효율성에 이를 수 있는 조건은 다음과 같다. 곧, 가장 적합한 자본 사용을 위해 여러 가지 기술 혁신들을 수익성에 따라 시장이 선정하도록 하는 것이다.

2.5.3. 기획자들의 이익과 집단의 이익 사이에 존재하는 대립 사태에서 오는 민주화의 난점들이 있다.

오타 시크의 시각에, 경제 발전의 주된 동력은 기업 이윤이다. 그러나 기업을 개인화하는 기업가는 자신만의 이익도 추구할 것이다. 혁신을 가져온 이들이 [자기] 이익을 자유롭게 추구할 수 있도록 해야 한다. "집단 자본 유통 시장"이라 불리기도 하는 금융시장은 자본의 사적 시장만큼 효율적이고 기대에 부응하는 방법으로 활동해야 하며, 기업가는 사적 자본에서와 마찬가지로 집단 자본을 다룰 수 있어야 한다. 그러나 결국, 기업가는 여러 결정 사항들에 대한 지배축이 되지 않겠는가? 사실상 기업가의 우선권은 모든 이익 대한 표현 수단들과 무수한 통제들에 의해 보상되어야 한다. 이러한 통제들은 기업가에게 책임 의식을 고취하고, 어떤 형태의 생산품으로도 시장을 잠식하지 않도록 하는 방향으로 설정된다. 또한, 이러한 통제들은 어떻게 보면 자본주의 시장의 귀결점인 파산의 자리를 대신한다. 또한, 변혁에 대한 주장들을 내세우는 관련자들의 재집결재편성 문제도 탄력성을 회복해야 한다. 그것은 자본주의 기업가를 위한 자본가 연대 행위에 상응하는 것이다.

2.5.4. 그러므로 각 기업들에서 무수한 노동자 평의회의 성장을 검토해야 한다.

이러한 평의회는 노동자들, 전문가들, 기업 상호간 측면에서 비노동자들을 재조직한다. 시크는 '경영 담당자들'과 '방향 설정자들' 사이에 하나의 대립을 조성한다. 모든 단계에서 전문인들에 의해 실행되는 관리경영은 이전 단계의 반복을 이끌어낼 뿐이다. 이러한 경영[방식]은 과거의 정치를 답습하면서 최적의 결과를 얻고자 한다. 그것은 지도자, 기술자, 전문인들의 역할이다. 그러나 사회적인 것에 경제를 종속시킴과 동시에 내적 강화를 위해 외적 팽창을 포기하는 방향으로 진행하는 일반 노선에서, 우리는 단순한 관리경영을 넘어선다. 이는 혁신, 우선권, 욕구들과 이익들에 대한 표현을 드러낸다. 곧, 이 부분에 노동자 평의회가 맡아야할 역할이 있다.

시크는 자주관리가 하나의 오류라고 생각한다. 곧, 행정가는 오직 노동자들이 아닌, 공장을 관리할 수 있어야 한다. 노동자들은 공장의 정치노선을 고정하는 작업을 한다. 이것이 오타 시크가 '기업의 민주적 경영'이라고 부르는 것이다. 이 부분은 반드시 국가나 지역 등의 수준에 있어야 한다. 시크는 공산당에 매우 특별한 역할을 부여한다. 행정가들에게 점진적으로 종속되는 당의 방향 곧, 관리 경영하는 일개 당이 되는 일을 포기해야 하는 것이다. 이것은 하나의 오류이다. 또한, 그것은 당에게 보수적 성격을 부여한다. 반면, 관리경영진은 안정성 있는 법적 체계를 구축한다. 관리경영 요소와 방향지시 요소 가운데 긴장을 유지해야 한다. 실행에 개입해야 되는 전적 책임에서 벗어난 당은 개혁적, 혁신적 활동을 지속해야 한다. 당은 이러한 역할을 해야 한다. 왜냐하면, 마르크스주의를 통해 당은 역사와 정치를 잘 인식하고 있기 때문이다.

2.5.5. 이러한 유형의 경제 기구로의 이행은 필히 진보적이어야 한다.

오타 시크는 네 가지 단계를 예상한다.

첫째로, 두 번째 단계로 이행하기 위해서 자원들과 힘들을 제거할 수 있을 산업화체코슬로바키아는 산업화된 국가에 점진적 제한을 가해야 한다.

이 두 번째 단계는 내적 강화 경제를 향해 점진적으로 이행한다. 이것은 응용 과학기술 혁명이다.

시간의 절약은 세 번째 단계를 가능하게 할 것이며, 교육 체계에 대한 전체적 재조직 작업을 가능하게 할 것이다. 이것은 문화적 형태의 혁명이다.

마지막 네 번째 단계는 국가 공산주의 구조가 아닌 정치의 공산주의적 구조와 경제의 사회주의적 구조 간의 결합을 보게 될 것이다.

리히타와 시크의 사상에서 난점은 우리가 어떤 제도화된 구조들에 살고 있다는 점과 이들의 모델이 어떻게 기능할 수 있었는지 상상하기 어렵다는 데 있다. 둡체크는 1968년 1월 이후로, 그러한 프로그램을 적용하기 시작하면서 놀랄만한 대담성을 보였다. 그것은 기업 내 평의회 설치, 모두에게 익숙한 계획에 대한 직접적 문제제기, 경찰 통제 제거, 제반 발언에 대한 격려에 의해 표현된다. 이는 지금까지 "공산주의적"이라 호명된 체제 파괴로 출현한다.

이러한 격렬한 동요는 1974-1975년에 포르투갈의 사태와 매우 다르게 나타난다. 포르투갈에서 쟁점이 되었던 것은 정치적, 내적 격동激動이었다. 체코슬로바키아에서 논쟁은 존재하는 산업 기반들에서 시작되었고, 사람들은 새로운 체제의 여러 가능성들을 막연하게 예측했다.

행정학에서 보통 기관 조직의 세 가지 모델을 다음과 같이 구별한다.

'도구적 기관'. 이것은 우리가 인식하고 있는 기관이다. 도구적 기관들은 활동 기관이며, 중앙집권화 되어 있고, 한정된 목표들을 지향한다. 또한, 일련의 무수한 절차들의 체계적 반복을 적용한다.

'실용적 기관'들은 일정 분량의 경험론을 도입하면서 동시에 탈脫중앙집권적 형태를 취한다. 이는 도구적 기관들의 수정이라는 목표를 갖고 있다. 이 기관들은 다소 상황적상황에 따라 변화하는인 성격을 보인다.

'자동 적응 가능auto-adaptable 기관'들에서 우선 [기관] 조직화는 주위의 반응들의 기록을 위해 그리고 인정된 욕구들에 대한 행정적 답변에 따라 생산하기 위해 계산되어 있다. 우리는 중앙집권화를 벗어나려는 주장들과 중앙집권화된 총론을 결합한다. 엄격하지 않은 이 기관은 사회 경제적 현실의 내부에서 활동한다.[60]

자기 적응 가능한 행정은 다음과 같은 네 가지 기준점들을 제시한다. 곧, 전술적 탄력성, 공무관리도 전문직업도 아닌 구조적 탄력성, 실제 작업 활동의 탄력성, 그리고 제도적 안정성과 평형이 불안정 상태에 이르는 경우 '효율성에 대한 목표'가 그것이다.

리히타와 오타 시크는 자신들의 시각을 '자기 적응 가능성'을 갖고 있는 행정 모델에 위임하는 셈이다.

---

60) 행정에 대한 분석에 관해 다음 자료를 참고하라. Lucien Sfez, *L'administration prospective*, Armand Colin, 1970.

이러한 종류의 기관은 미국에서 내부 기관intra-institutionnel의 단계에서 기관 내부에서 실험되었다. 이러한 실험 단계에서 어떻게 한 사회와 다른 사회 간의 기관 조직inter-institutionnel으로 이행되는지를 아는 것이 중요하다. 이는 우리가 똑같은 방식으로 사유했던 것의 획기적 변화를 포함한다. 그러나 이들의 연구는 과거의 성찰들을 다른 방향으로 제시했던 리히타 연구 집단을 전적으로 무시했다. 리히타의 작업이 미국이나 스웨덴의 행정 연구와 실험보다 더 전진되어 있다는 점을 고려한다면, 리히타와 이들 사이에 드러나는 일치점은 놀라운 일이다.